AF281240

LA UNIVERSIDAD CONSTRUIDA

RECUPERACIÓN DEL PATRIMONIO Y ARQUITECTURA CONTEMPORÁNEA

CRÉDITOS

Pedro Mercado Pacheco
Rector Magnífico de la Universidad
de Granada

Margarita Sánchez Romero
Vicerrectora de Extensión Universitaria,
Patrimonio y Relaciones Institucionales

Mª Luisa Bellido Gant
Directora de Patrimonio

Elena Sánchez López
Directora del Secretariado de Bienes
Culturales

Teresa Espejo Arias
Directora del Secretariado de Conservación
y Restauración

Ricardo Hernández Soriano
Director del Secretariado de Patrimonio
Inmueble

**CUADERNO TÉCNICO 18
LA UNIVERSIDAD CONSTRUIDA.
RECUPERACIÓN DEL PATRIMONIO Y
ARQUITECTURA CONTEMPORÁNEA**

Edita
Editorial Universidad de Granada

**Coordinación general de los Cuadernos
Técnicos de Patrimonio**
María Luisa Bellido Gant

Coordinación general del Cuaderno Técnico 18
Ricardo Hernández Soriano
Loreto Corisco González

Coordinación editorial del Cuaderno Técnico 18
Ricardo Hernández Soriano
Loreto Corisco González

Coordinación técnica del Cuaderno Técnico 18
Patricia Garzón Martínez

Diseño de colección
Juan Hurtado Díaz-Cano

Maquetación
Patricia Garzón Martínez
Carmen María Parra Ruiz

Impresión
Comercial Impresores Motril

Textos
Alejandro de la Sota Martínez
Amanda Vicente Murcia
Antonio García Bueno
Diego Garzón Osuna
Francisco Martínez Manso
Guillermo García-Contreras Ruiz
Ignacio Rodríguez Bailón
Juan Domingo Santos
Loreto Corisco González
Rafael Soler Márquez
Ricardo Hernández Soriano
Sergio Castillo Hispán

Fotografías
Antonio Fernández Morillas
José Antonio Albornoz
Torres Molina (Diario Ideal)
Archivo Universitario UGR
Lluis Casals
Javier Callejas
Ángel García Roldán
Estudio García Bueno
Antonio Malpica
Amanda Vicente Murcia
Unidad Técnica UGR
Estudio Diego Garzón
Estudio Juan Domingo Santos
Loreto Corisco González

ISBN: 978-84-338-7237-1
DL. Gr.611-2024
© De la presente edición,
Universidad de Granada.
© De los textos, los autores
© De las imágenes, los autores

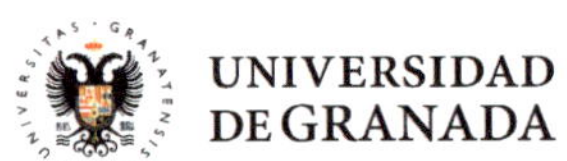
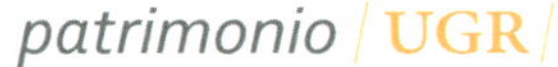
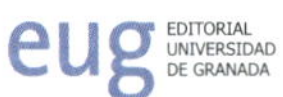

La serie editorial de Cuadernos Técnicos del Patrimonio surge debido a la necesidad de dotar al Vicerrectorado de Extensión Universitaria, Patrimonio y Relaciones Institucionales de publicaciones que aborden aspectos patrimoniales en relación con cuestiones de carácter transversal y que sirvan de vehículo de difusión y diálogo de las distintas colecciones que conforman el rico acervo universitario. El objetivo es convertir estos Cuadernos en un espacio de reflexión y debate sobre temas relacionados con la conservación, la restauración, la gestión, la difusión y la puesta en valor de los bienes muebles e inmuebles de la Universidad de Granada en toda su amplitud.

No se plantean con un enfoque exclusivamente local pues su intención es abrirse a distintas problemáticas patrimoniales y convertirse en un instrumento que integre estudios de carácter nacional e internacional. Asimismo, entendemos que al Patrimonio hay que afrontarlo desde una perspectiva histórica pero también actual y en diálogo con la compleja realidad social.

ÍNDICE

LA UNIVERSIDAD CONSTRUIDA
RECUPERACIÓN DEL PATRIMONIO Y
ARQUITECTURA CONTEMPORÁNEA

1. Introducción   9

ARQUITECTURA MODERNA Y CONTEMPORÁNEA

2. Facultad de Ciencias   23

3. Facultad de Filosofía y Letras   33

4. Anteproyecto de la Facultad Derecho   43

5. Centro de investigación Mente, cerebro comportamiento   49

6. Campus universitario de Ciencias de la Salud   59

RECUPERACIÓN DEL PATRIMONIO

7. Intervención en la capilla neomudéjar del Colegio Máximo de Cartuja   75

8. Recuperación arqueológica del Albercón del Moro, Templete y entorno   85

9. Restauración de la Corrala de Santiago   95

10. Rehabilitación del antiguo hospital militar para la sede de la Escuela Técnica Superior de Arquitectura   101

11. Recuperación del Palacio de la Madraza como espacio cultural   113

12. Restauración del patio de la capilla del Hospital Real de Granada   121

13. Intervención en el vestíbulo de la Sala de Rectores   133

14. Desplome parcial de la fachada noroeste de la Sala de Convalecientes   143

15. Intervención en el Patio de los Mármoles del Hospital Real de Granada   153

16. Azucarera de San Isidro. Campus UGR_Sostenibilidad   161

LA UNIVERSIDAD CONSTRUIDA

RECUPERACIÓN DEL PATRIMONIO Y ARQUITECTURA CONTEMPORÁNEA

Ricardo Hernández Soriano
Loreto Corisco González

La exposición *La Universidad construida. Recuperación del patrimonio y arquitectura contemporánea* que se desarrolló en la Sala de la Capilla del Hospital Real entre el 9 de octubre de 2023 y el 1 de marzo de 2024 reflejó tanto el compromiso de la Universidad de Granada en la conservación y restauración de su valioso patrimonio inmueble como su protagonismo y liderazgo en cuanto elemento de activación territorial, urbana y medioambiental. La exposición refleja que, además del excepcional patrimonio arquitectónico que atesora la Universidad, que compendia en su amplio espectro cronológico todos nuestros rasgos identitarios, en las últimas décadas la institución ha regido el desarrollo urbano de Granada, consolidando su trascendental aportación al diseño de la ciudad contemporánea.

La Universidad de Granada ha sido un agente decisivo en la dinamización económica y social de su entorno y se ha convertido en un ambicioso factor de regeneración funcional de zonas abandonadas o deprimidas. Desde esta voluntad, la arquitectura de calidad ha encontrado un lugar destacado en sus prioridades en cuanto factor distintivo que encuentra en la búsqueda de la excelencia un objetivo compatible con los valores de desarrollo e investigación que la institución ha perseguido durante sus cinco siglos de historia.

El presente Cuaderno constituye el catálogo de la referida exposición, que reunió meritorios ejercicios arquitectónicos para dibujar un paisaje diverso con el recorrido temporal de las reflexiones cambiantes en el debate profesional. Se proponen tres ámbitos conceptuales para agrupar las propuestas más relevantes que ocupan un lugar destacado en la historia urbana de la ciudad:

1. Arquitectura moderna y contemporánea. Actuaciones de nueva planta que, con sus arquitecturas sensibles al lugar y a la memoria, han estructurado el territorio, convirtiéndose en el germen de importantes transformaciones a escala metropolitana.

2. Patrimonio recuperado. Intervenciones patrimoniales que reflejan la comprometida labor de rehabilitación asumida en los últimos años por parte de la Universidad, adaptando a los requerimientos actuales los viejos usos para los que fueron concebidos y garantizando la continuidad de lo construido desde la transformación y el cambio.

3. Azucarera de San Isidro. La reciente adquisición de la Azucarera de San Isidro abre expectativas de próximas intervenciones ligadas al patrimonio histórico y al paisaje agrario e industrial para su conversión en un campus universitario innovador en el diseño, transversal en el programa funcional, integral en el disfrute social y urbano y respetuoso con los Objetivos de Desarrollo Sostenible.

ARQUITEC TURA MODERNA Y CONTEMPO RÁNEA

PATRI MONIO RECUPE RADO

AZU CARERA DE SAN ISIDRO

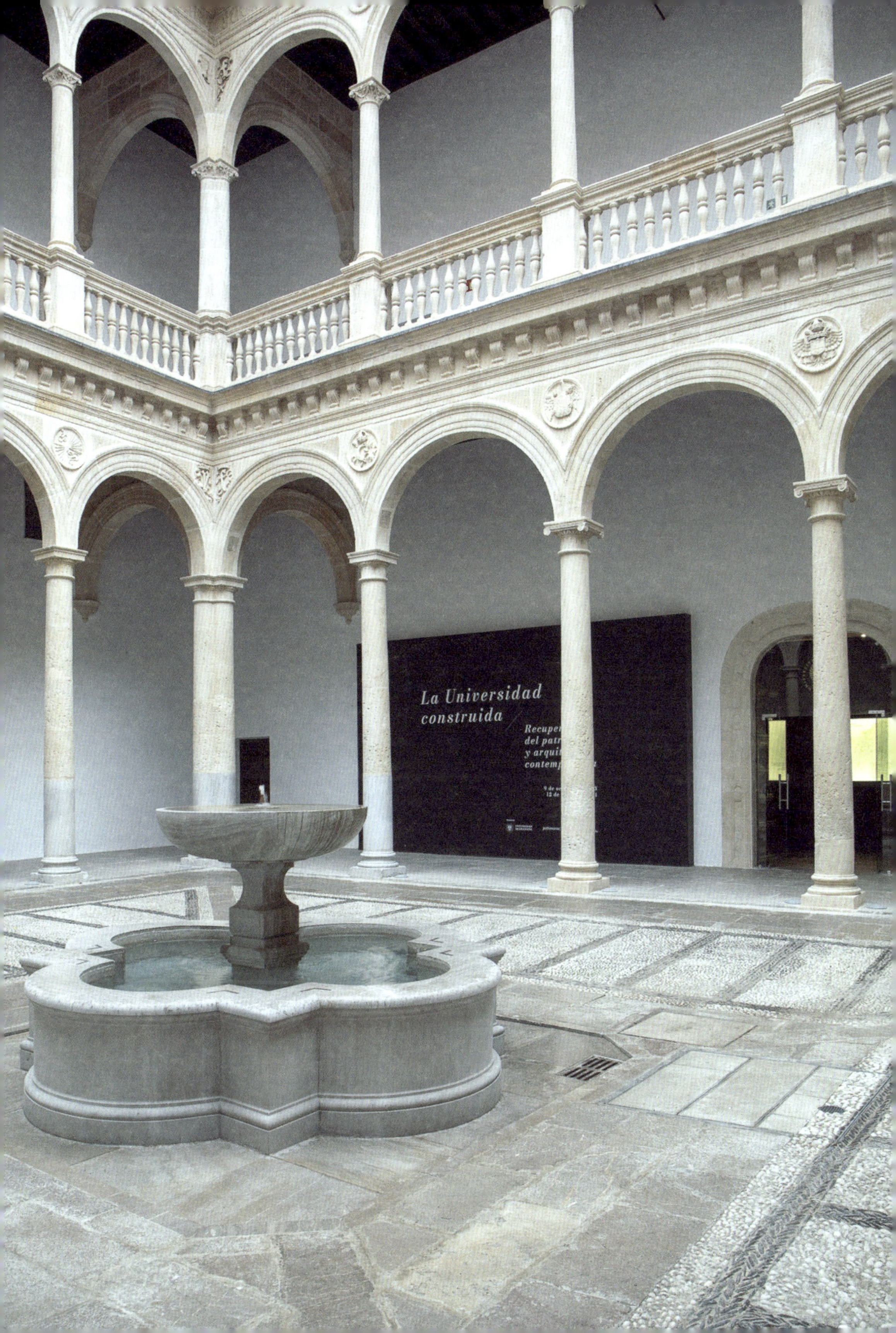

La Universidad
construida
Recuper
del patr
y arqui
contemp
9 de o
12 de

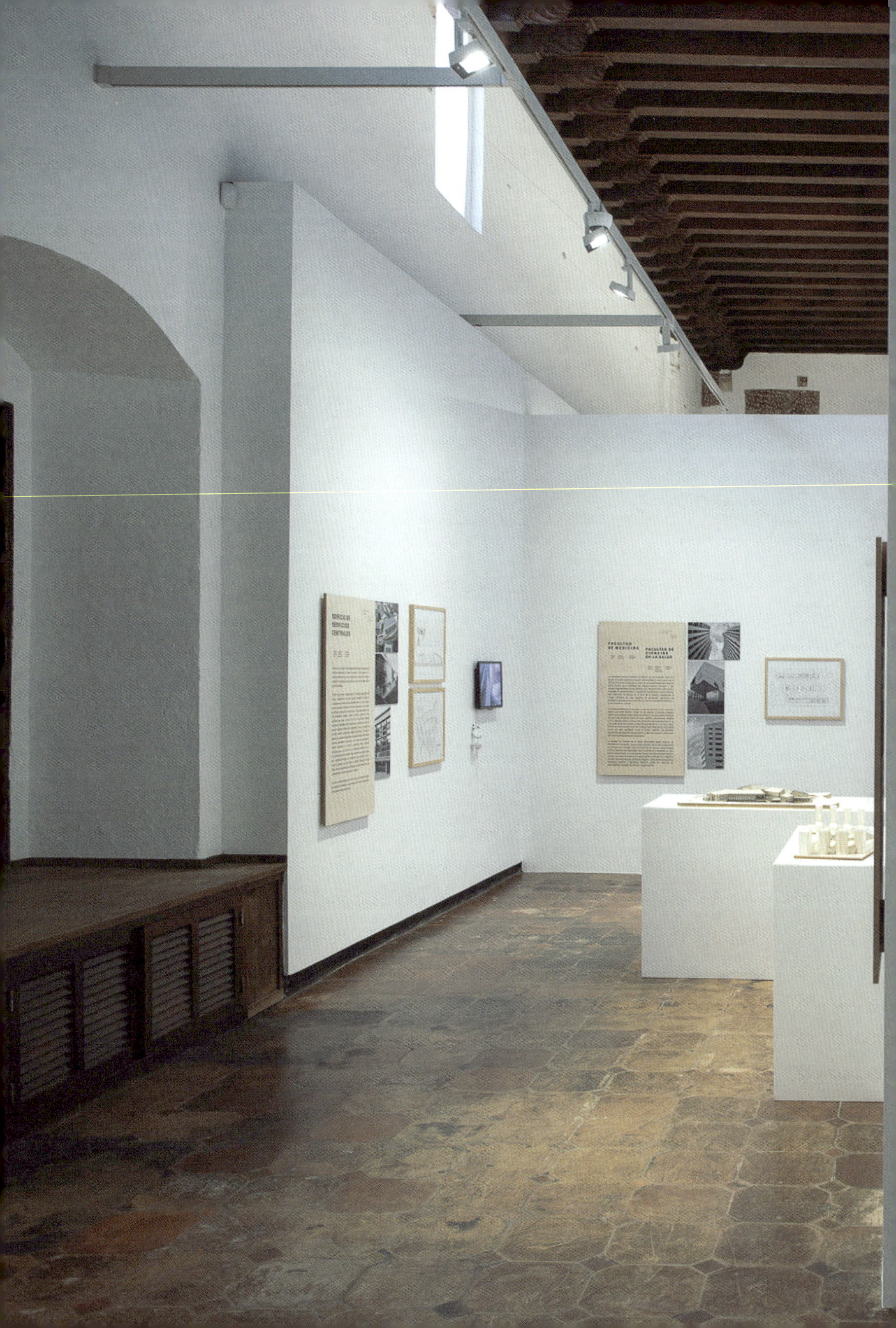

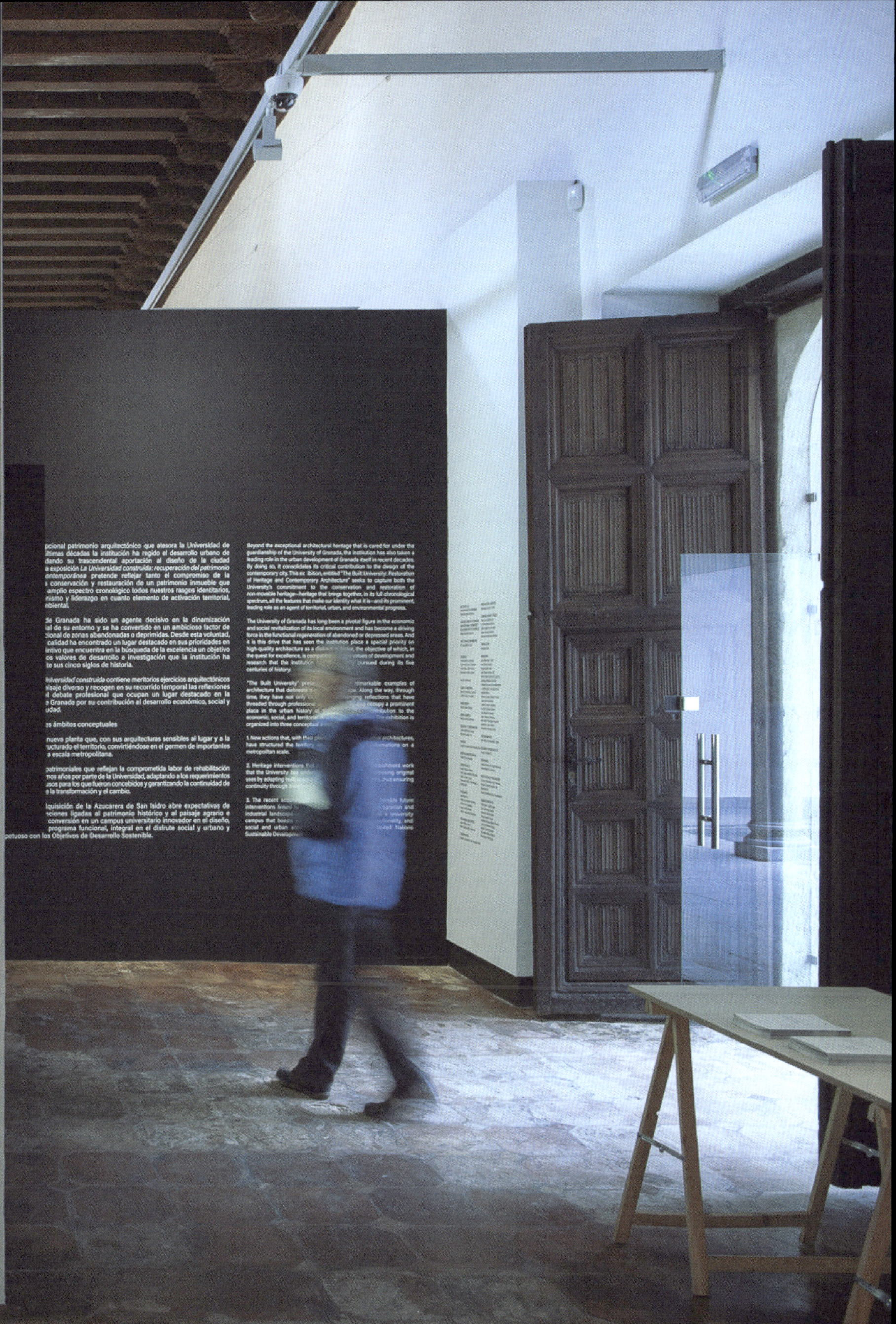

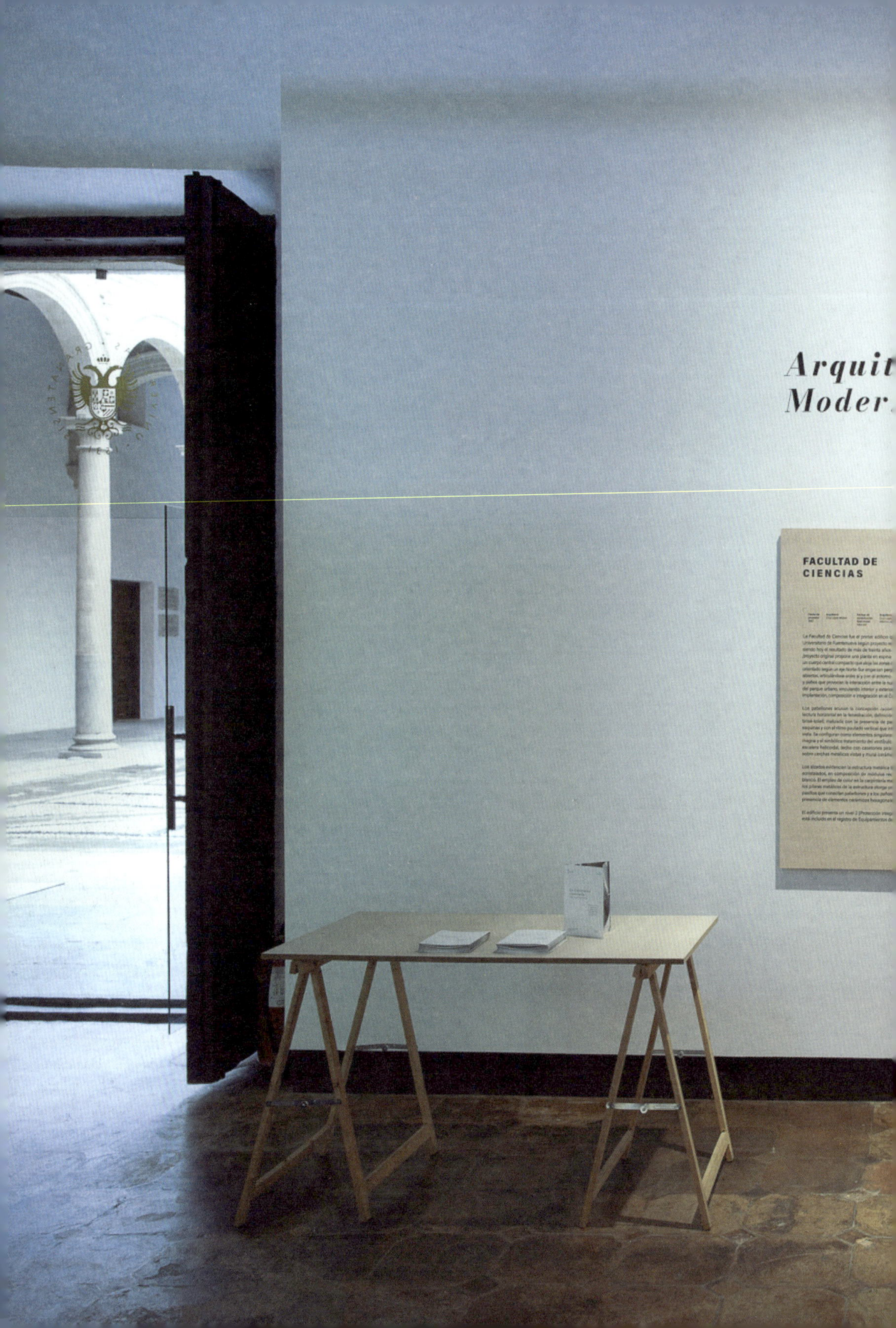
Arquit
Moder.
FACULTAD DE
CIENCIAS

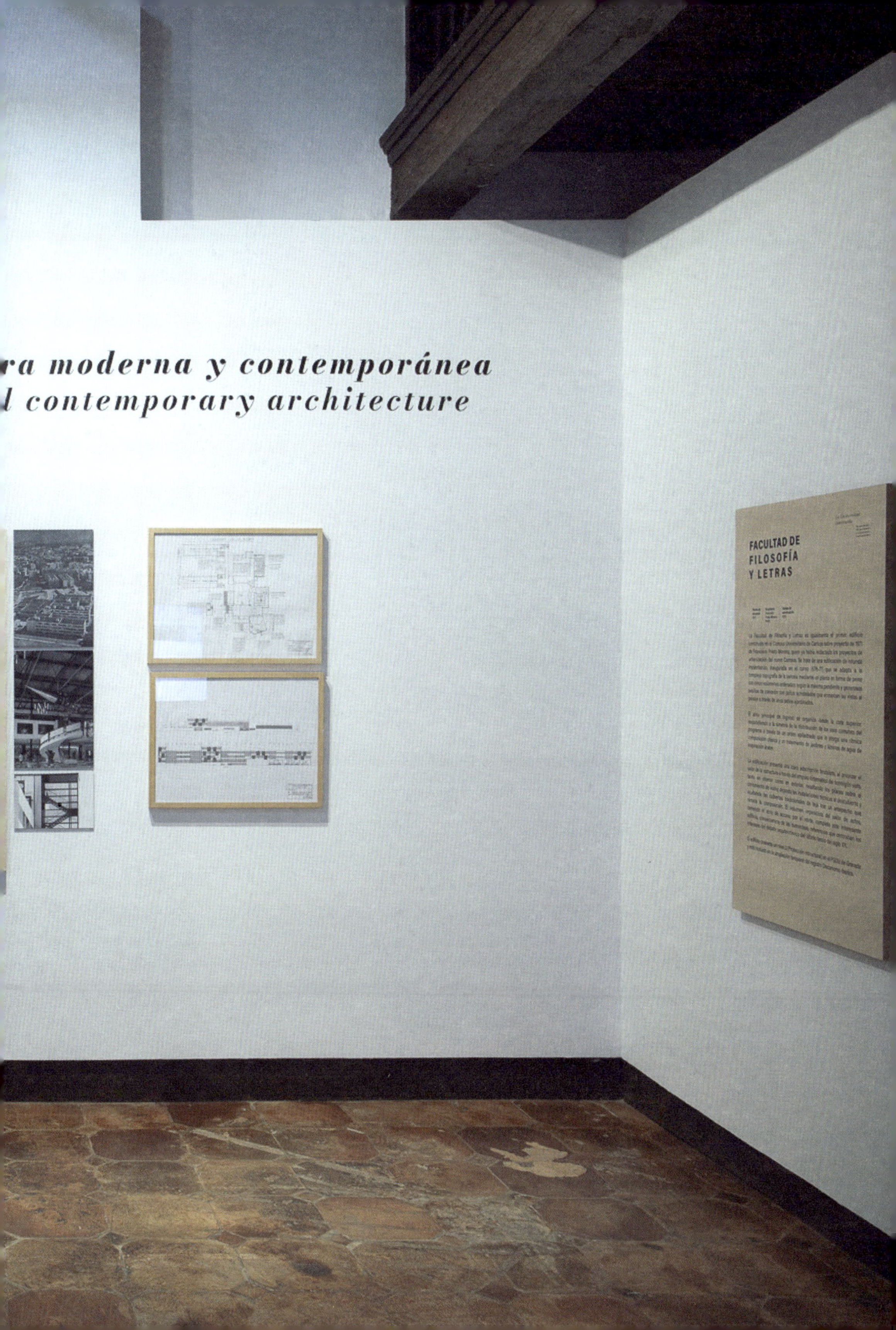
ra moderna y contemporánea
l contemporary architecture
FACULTAD DE
FILOSOFÍA
Y LETRAS

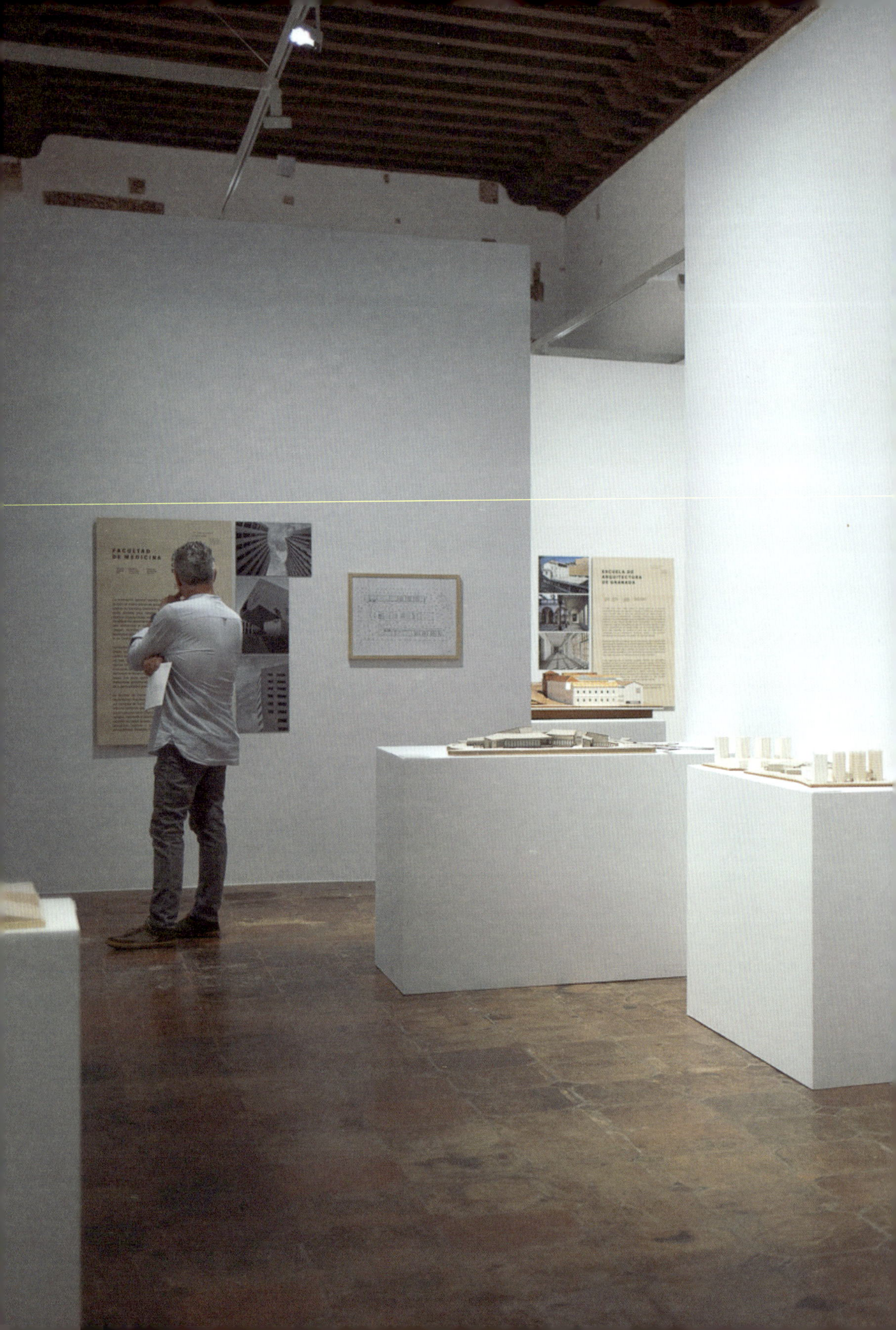

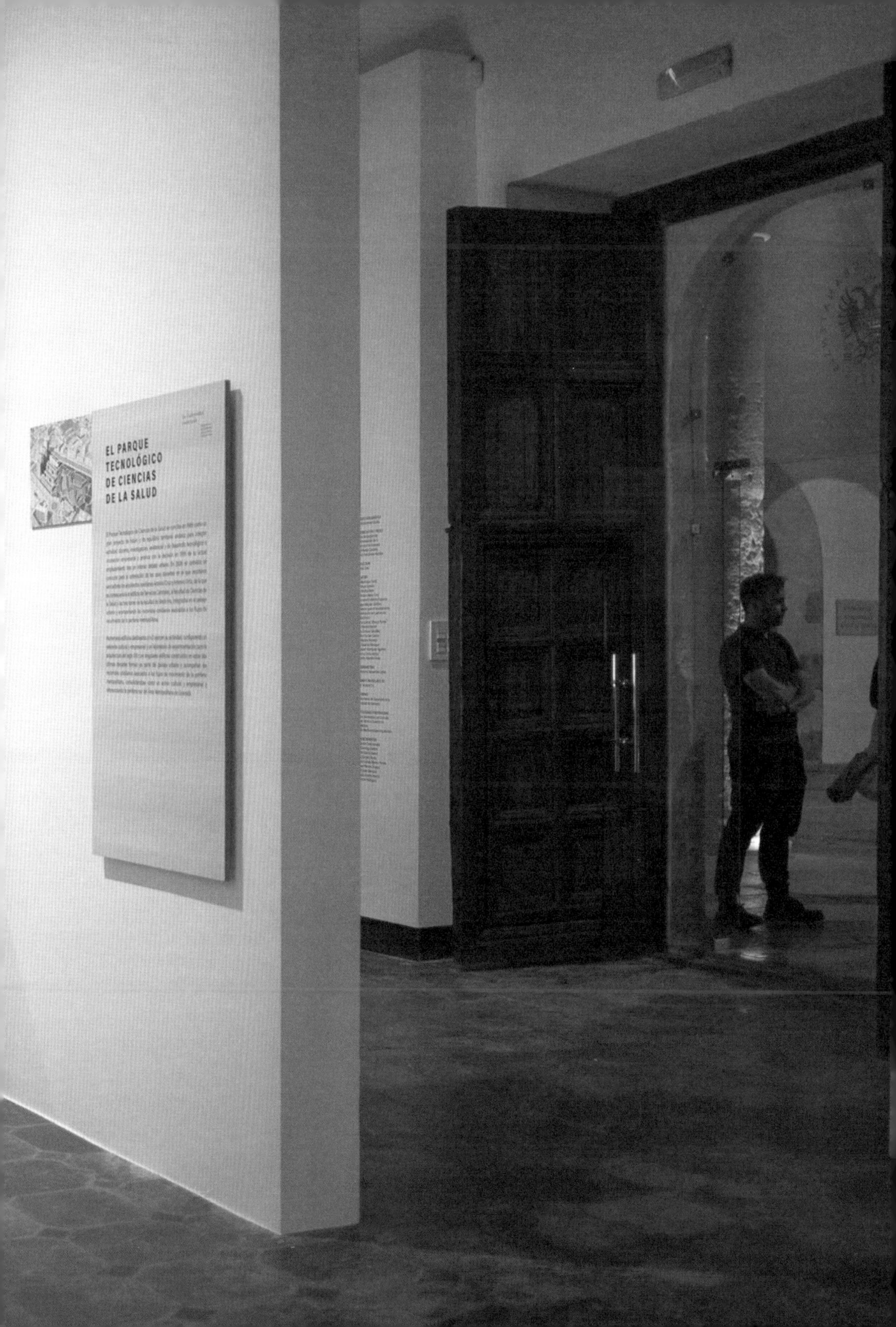
EL PARQUE
TECNOLÓGICO
DE CIENCIAS
DE LA SALUD

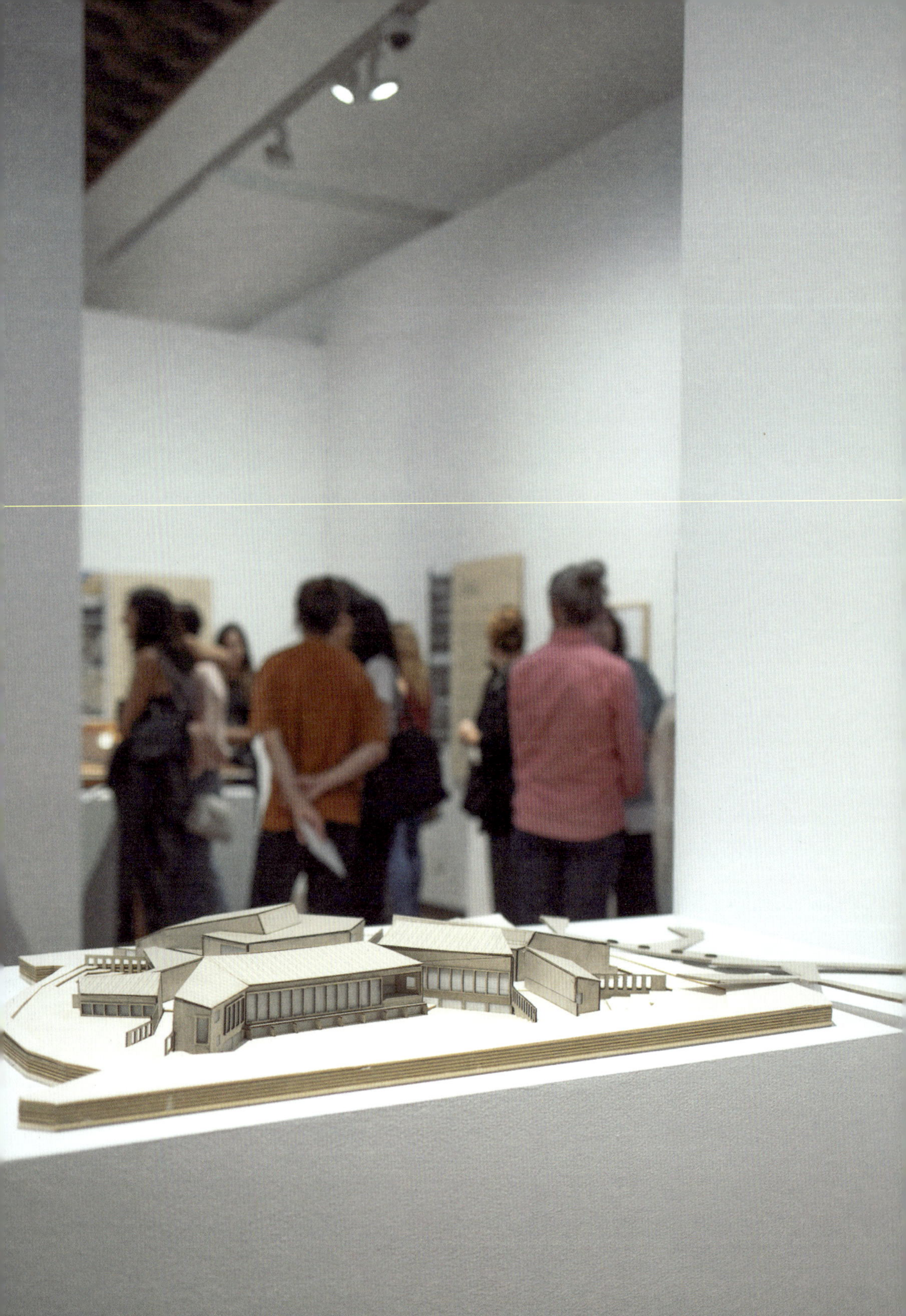

ARQUITECTURA MODERNA Y CONTEMPORÁNEA

FACULTAD DE CIENCIAS

Ricardo Hernández Soriano

Fecha de proyecto 1963	**Arquitecto** Cruz López Müller	**Fechas de construcción fase inicial** 1964-69	**Arquitectos directores de obra** Cruz López Müller y Alberto López Palanco

El Plan de Alineaciones de Granada de 1951 del alcalde Gallego preveía en la zona de Fuentenueva un gran parque público, planteamiento que fue pronto sustituido por una concepción más acorde con el desarrollismo y el importante crecimiento de la Universidad de Granada, centrada en torno a la creación de "polígonos" universitarios periféricos. Entre 1964 y 1965 se aprobó el cambio de uso de los terrenos (unos 200.000 m2) de parque urbano a suelo universitario. El arquitecto Francisco Prieto-Moreno redactó en 1966 el plan parcial y el proyecto de urbanización, cuando ya se había encargado el proyecto inicial de la Facultad de Ciencias por Cruz López Müller en 1963. Aprobado en octubre de 1968, el Campus incluía inicialmente las facultades de Derecho y Filosofía y Letras y un paraninfo y aula magna, junto con instalaciones deportivas, viviendas para catedráticos y espacios ajardinados en ocho grandes manzanas, siendo reconocible en la actualidad aquella ordenación viaria propuesta. La Facultad de Ciencias fue el germen conceptual y físico del Campus de Fuentenueva, proponiendo con su concepción abierta la sustitución de la composición rígida, simétrica y cerrada de edificios definitivos por otros mecanismos aditivos de crecimiento, de formas orgánicas y articuladas, para priorizar la relación con el entorno, con el exterior y con la naturaleza.

La Facultad de Ciencias fue, por tanto, el primer edificio que se construyó en el Campus Universitario de Fuentenueva, siendo hoy resultado de más de treinta años de ampliaciones y reformas a partir del primer proyecto de Cruz López Müller. Con amplios jardines y una baja ocupación de la superficie disponible, presenta un esquema tipológico habitual por entonces en muchos centros universitarios, definiendo una nueva relación entre la escala del usuario y la escala de la ciudad, con volúmenes funcionales abiertos, separando el

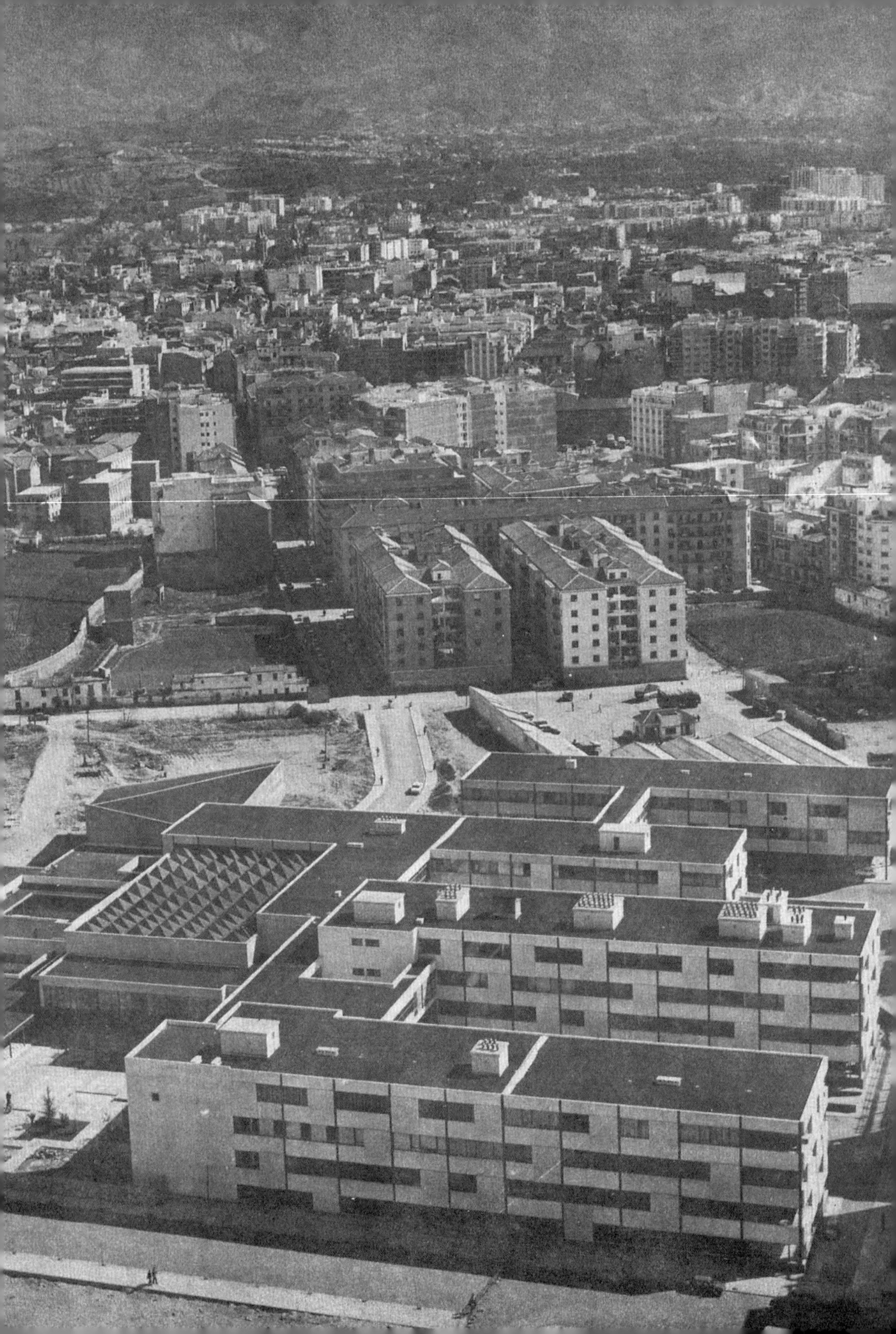

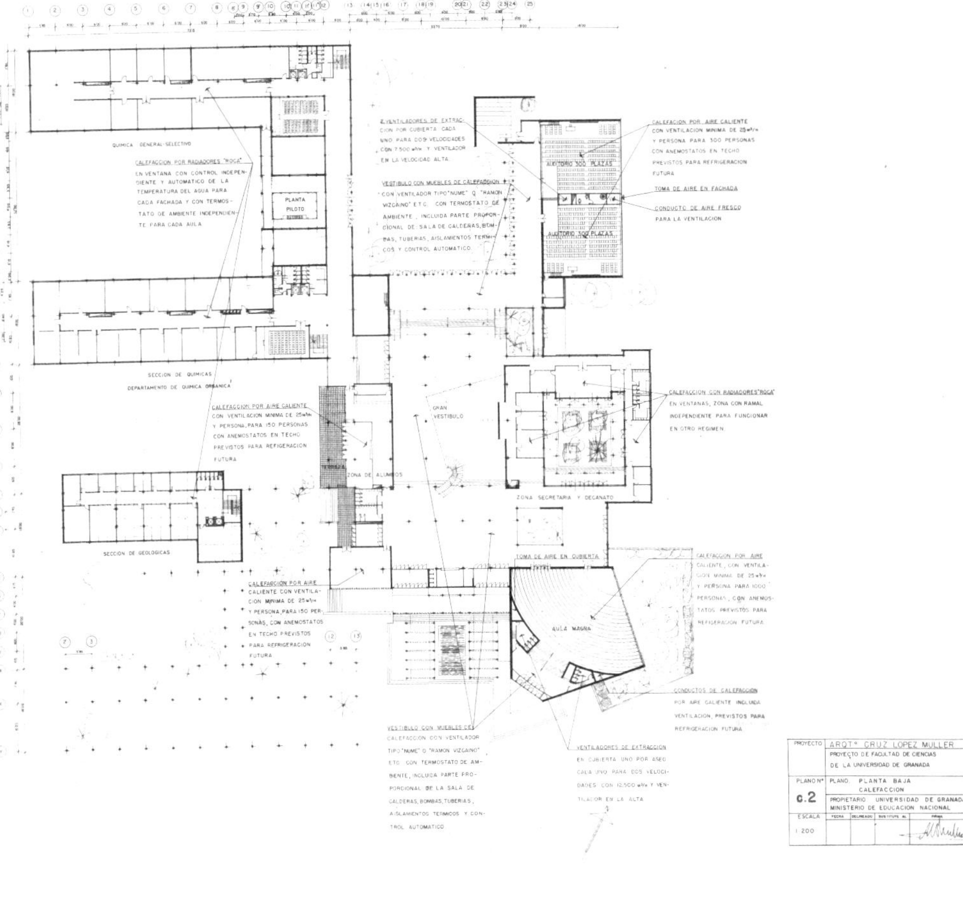

QUIMICA GENERAL-SELECTIVO
CALEFACCION POR RADIADORES "ROCA" EN VENTANA CON CONTROL INDEPENDIENTE Y AUTOMATICO DE LA TEMPERATURA DEL AGUA PARA CADA FACHADA Y CON TERMOSTATO DE AMBIENTE INDEPENDIENTE PARA CADA AULA
PLANTA PILOTO
SECCION DE QUIMICAS
DEPARTAMENTO DE QUIMICA ORGANICA
SECCION DE GEOLOGICAS
2 VENTILADORES DE EXTRACCION POR CUBIERTA CADA UNO PARA DOS VELOCIDADES CON 7.500 m³/h Y VENTILADOR EN LA VELOCIDAD ALTA
VESTIBULO CON MUEBLES DE CALEFACCION CON VENTILADOR TIPO "NUME" O "RAMON VIZCAINO" ETC. CON TERMOSTATO DE AMBIENTE, INCLUIDA PARTE PROPORCIONAL DE SALA DE CALDERAS, BOMBAS, TUBERIAS, AISLAMIENTOS TERMICOS Y CONTROL AUTOMATICO
AUDITORIO 300 PLAZAS
AUDITORIO 300 PLAZAS
CALEFACION POR AIRE CALIENTE CON VENTILACION MINIMA DE 25 m³/h Y PERSONA PARA 300 PERSONAS CON ANEMOSTATOS EN TECHO PREVISTOS PARA REFRIGERACION FUTURA
TOMA DE AIRE EN FACHADA
CONDUCTO DE AIRE FRESCO PARA LA VENTILACION
CALEFACCION POR AIRE CALIENTE CON VENTILACION MINIMA DE 25 m³/h Y PERSONA PARA 150 PERSONAS CON ANEMOSTATOS EN TECHO PREVISTOS PARA REFRIGERACION FUTURA
TERRAZA
ZONA DE ALUMNOS
GRAN VESTIBULO
CALEFACCION CON RADIADORES "ROCA" EN VENTANAS, ZONA CON RAMAL INDEPENDIENTE PARA FUNCIONAR EN OTRO REGIMEN
ZONA SECRETARIA Y DECANATO
CALEFACCION POR AIRE CALIENTE CON VENTILACION MINIMA DE 25 m³/h Y PERSONA PARA 150 PERSONAS, CON ANEMOSTATOS EN TECHO PREVISTOS PARA REFRIGERACION FUTURA
TOMA DE AIRE EN CUBIERTA
AULA MAGNA
CALEFACCION POR AIRE CALIENTE, CON VENTILACION MINIMA DE 25 m³/h Y PERSONA PARA 1000 PERSONAS, CON ANEMOSTATOS PREVISTOS PARA REFRIGERACION FUTURA
CONDUCTOS DE CALEFACCION POR AIRE CALIENTE INCLUIDA VENTILACION, PREVISTOS PARA REFRIGERACION FUTURA
VESTIBULO CON MUEBLES DE CALEFACCION CON VENTILADOR TIPO "NUME" O "RAMON VIZCAINO" ETC. CON TERMOSTATO DE AMBIENTE, INCLUIDA PARTE PROPORCIONAL DE LA SALA DE CALDERAS, BOMBAS, TUBERIAS, AISLAMIENTOS TERMICOS Y CONTROL AUTOMATICO
VENTILADORES DE EXTRACCION EN CUBIERTA UNO POR ASEO CADA UNO PARA DOS VELOCIDADES CON 12.500 m³/h Y VENTILADOR EN LA ALTA
PROYECTO ARQTº CRUZ LOPEZ MULLER
PROYECTO DE FACULTAD DE CIENCIAS DE LA UNIVERSIDAD DE GRANADA
PLANO Nº c.2
PLANO PLANTA BAJA CALEFACCION
PROPIETARIO UNIVERSIDAD DE GRANADA MINISTERIO DE EDUCACION NACIONAL
ESCALA 1:200
FECHA   DELINEADO   SUSTITUYE AL   FIRMA

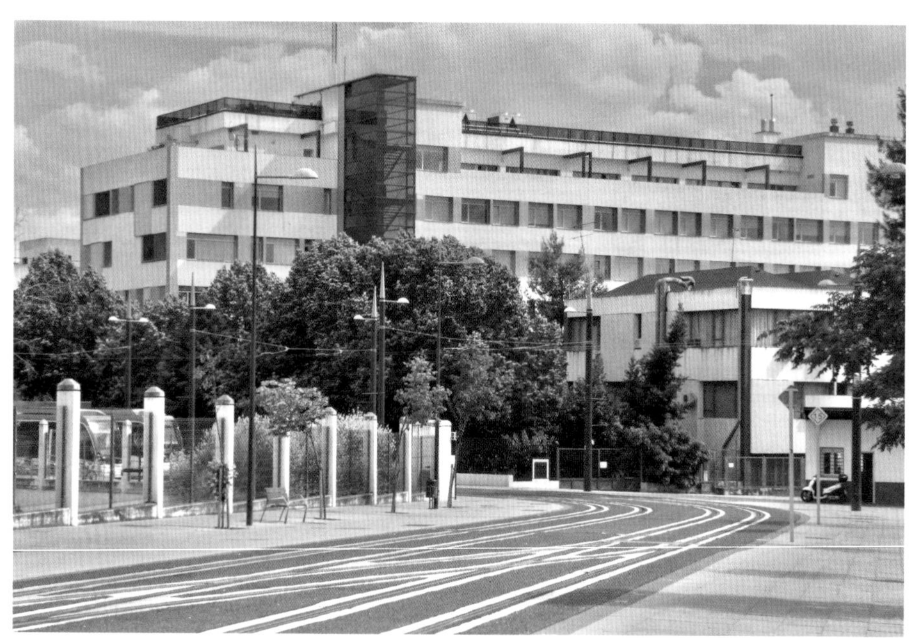

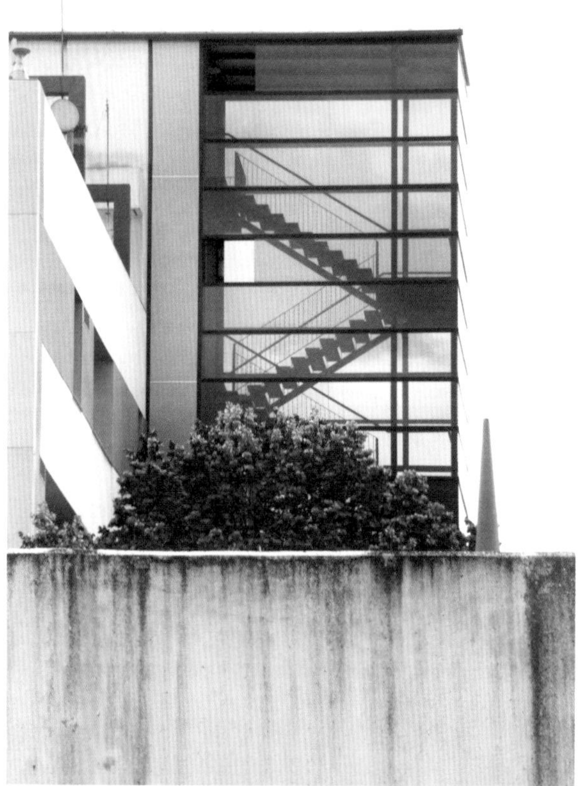

tráfico peatonal y rodado para crear un paisaje urbano moderno integrado en la naturaleza.

El programa inicial comprendía el desarrollo de las ramas de Geología y Química, con un complejo programa de aulas, laboratorios, departamentos, Secretaría, Decanato y zonas de uso común (Salón de actos, Biblioteca, Salón de Grados, salas de estudio, cafetería). El proyecto original proponía una planta en espina de pez estructurada en torno a un cuerpo central compacto para alojar las zonas de uso común. En este vestíbulo orientado según un eje Norte-Sur engarzan perpendicularmente los pabellones abiertos, articulándose entre sí y con el entorno del Campus mediante porches y patios que provocan la interacción entre la nueva edificación y la vegetación del parque urbano, vinculando interior y exterior. Es evidente la influencia ejercida por el edificio de la Facultad de Derecho de Barcelona, proyectada en 1958 por Giráldez, López Íñigo y Subias, con cuerpos independientes que otorgan protagonismo a la estructura como elemento generador del proyecto. La Facultad de Ciencias es modélica en su implantación, composición e integración en el Campus.

Los pabellones acusan la concepción racionalista del proyecto, con una lectura horizontal en la fenestración, definición de galerías y disposición de *brise-soleil*, matizada con la presencia de paños ciegos cerámicos en las esquinas y con el ritmo pautado vertical que introduce la estructura metálica vista. En contraste a la sucesión de pabellones abiertos y patios vinculados, se configuran como elementos singulares el volumen aristado del aula magna (con capacidad para 800 personas) y el simbólico tratamiento del vestíbulo principal en doble altura, con escalera helicoidal, techo con casetones piramidales de madera de chopo sobre cerchas metálicas vistas y mural cerámico de Abelardo Herrero. Esta primera idea de facultad por pabellones pretendía fundir la vegetación con la edificación a través de los patios intermedios, limitando la superficie ocupada y garantizando la transición y las continuidades visuales entre los espacios interiores y exteriores.

Los alzados evidencian la estructura metálica ligera vista con amplios paños acristalados, en composición de módulos rectangulares y predominio del blanco. El empleo de color en la carpintería metálica y el ritmo marcado por los pilares metálicos de la estructura otorga una composición singular a los paños de fachada y a los pasillos que conectan pabellones. En las esquinas, el giro de la fenestración horizontal provoca un juego de vanos, macizos, carpinterías y estructura con despiece neoplástico, subrayado por el empleo de paños en damero revestidos de elementos cerámicos hexagonales de color blanco.

En 1970 el propio López Müller propuso la ampliación de la Facultad ya prevista en el proyecto inicial con dos nuevos pabellones hacia levante que culminaron la idea inicial para completar la planta en espina de pez: el de

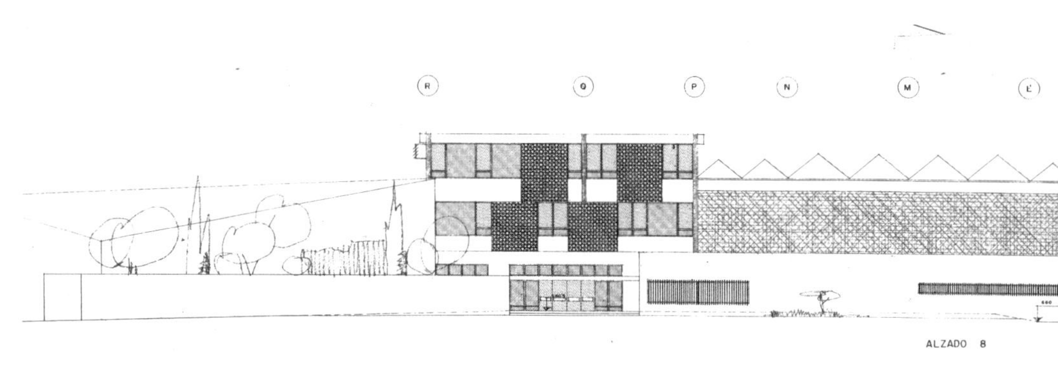
R
Q
P
N
M
L'
ALZADO 8

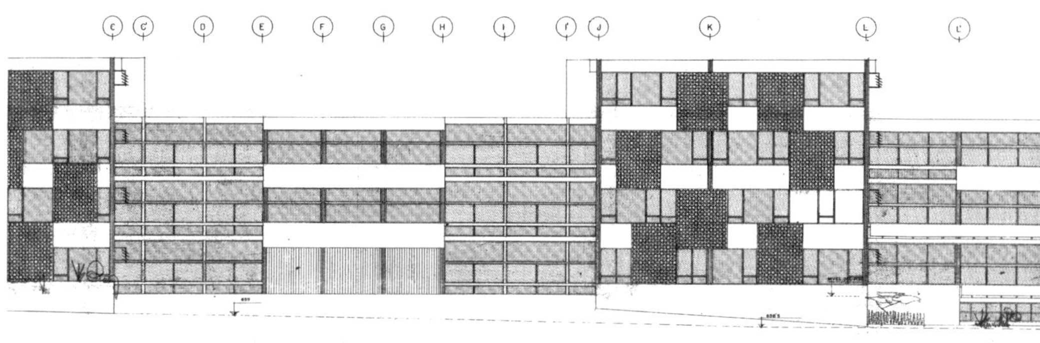
C C'
D
E
F
G
H
I
J
K
L
L'
ALZADO 9

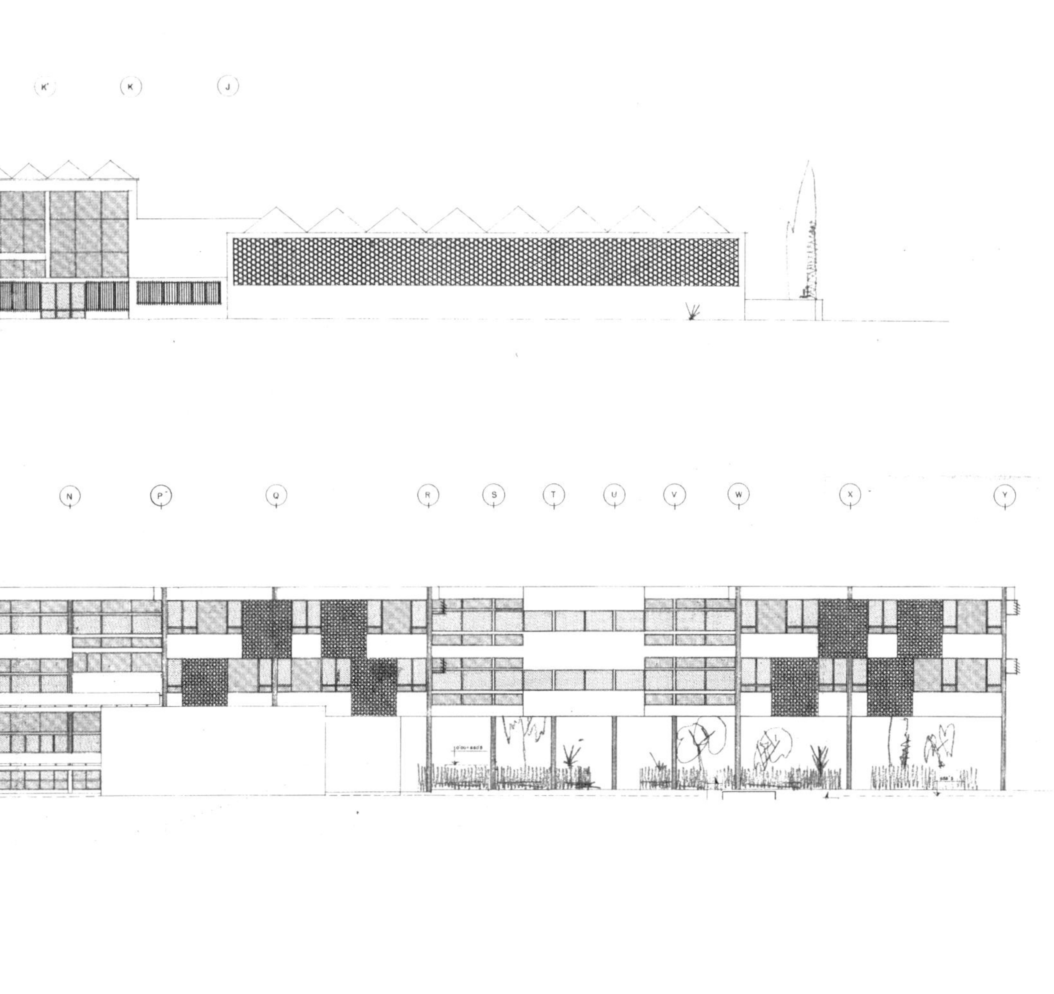

K'
K
J
N
P
Q
R
S
T
U
V
W
X
Y

PROYECTO
ARQT° CRUZ LOPEZ MULLER
PROYECTO DE FACULTAD DE CIENCIAS
DE LA UNIVERSIDAD DE GRANADA
PLANO N°   PLANO:
C.
PROPIETARIO: UNIVERSIDAD DE GRANADA
MINISTERIO DE EDUCACION NACIONAL
ESCALA   FECHA   DELINEADO   SUSTITUYE AL   FIRMA

Matemáticas, que dio continuidad a la fachada Norte enclaustrando el vacío original de acceso, y el de Biológicas, volumen de seis plantas de altura que constituye el contrapunto vertical a la conc epción horizontal del conjunto.

En 1978, los arquitectos Luis Navarro y Carlos Montoya proyectaron el pabellón de Físicas entre el aula magna y el decanato y unos años más tarde, en 1989, cerraron los porches para adaptarlos a aulas informáticas. El edificio de Físicas refleja las inquietudes cambiantes que definen el debate arquitectónico a finales de los años setenta. Concebido quince años después del edificio de López Müller, su ordenación cerrada y autónoma en torno a un vacío central zigzagueante de escaleras que ordena los recorridos a través de galerías parece poner fecha de caducidad a la concepción racionalista del conjunto mediante posturas disciplinares más próximas al posmodernismo o al estructuralismo que marcaron las tendencias arquitectónicas de los primeros años de la transición democrática. La Facultad de Ciencias de Granada presenta un nivel 2 (Protección integral) en el PGOU de Granada y está incluido en el registro de Equipamientos de Docomomo.

FICHA TÉCNICA DEL PROYECTO

FACULTAD DE CIENCIAS

Arquitecto: Cruz López Müller
Dirección de obra: Cruz López Müller y Alberto López Palanco
Año: 1963
Construcción fase inicial: 1964-69
Ampliación Biológicas y Matemáticas: 1970 (Cruz López Müller, arquitecto)
Ampliación Físicas: 1978 (Luis Navarro y Carlos Montoya, arquitectos)

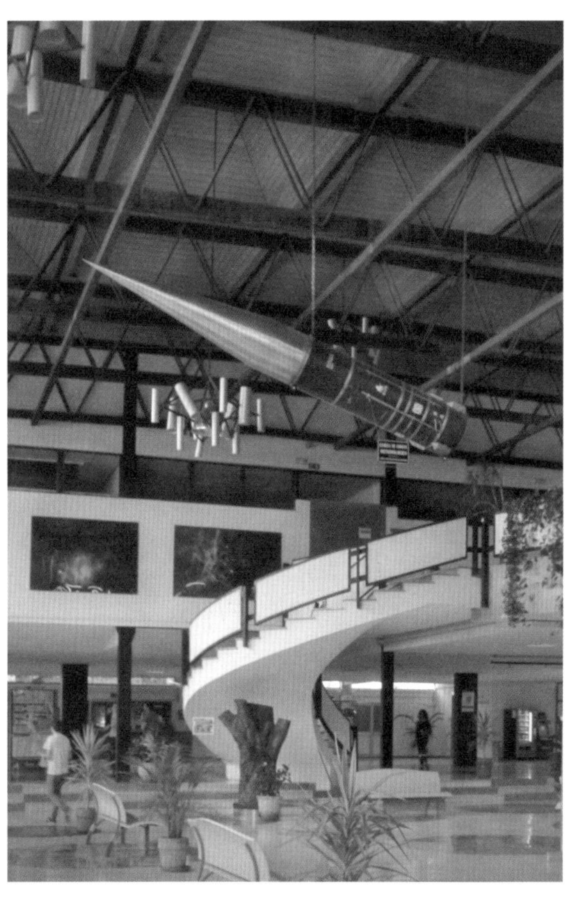

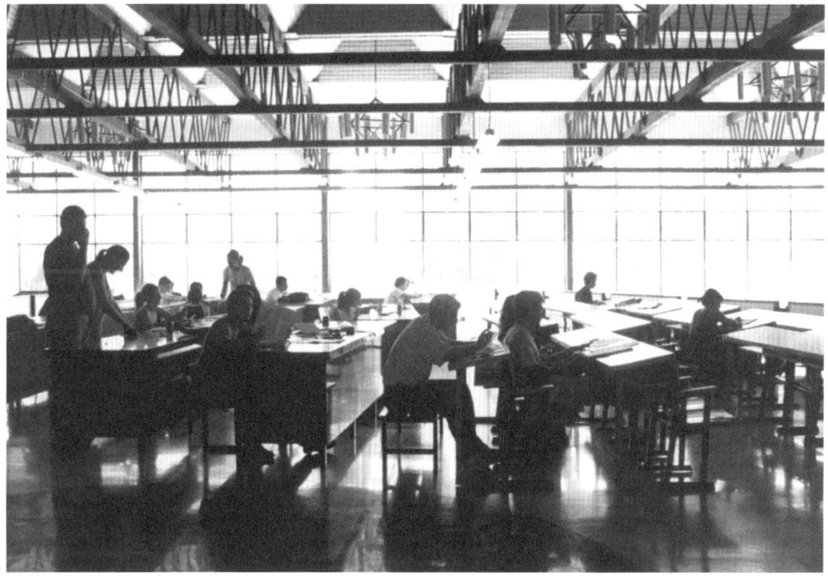

FACULTAD DE FILOSOFÍA Y LETRAS

Ricardo Hernández Soriano

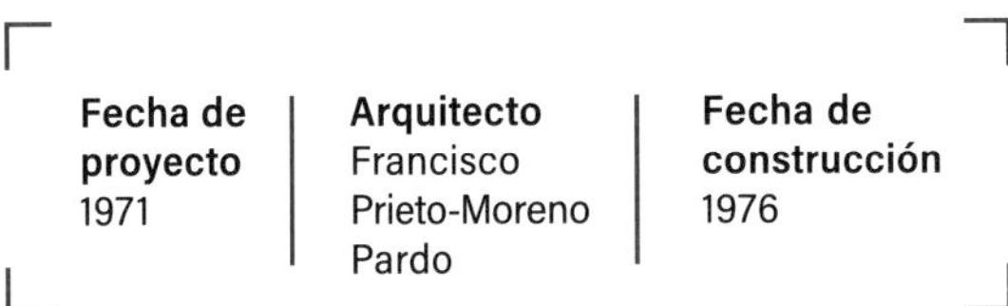

La Universidad de Granada adquirió en 1969 a la Compañía de Jesús los terrenos del Cercado Alto de Cartuja como "polígono" de Humanidades, reservándose los jesuitas una parte de los mismos para la construcción de la Facultad de Teología. La Facultad de Filosofía y Letras es también el primer edificio construido en el Campus Universitario de Cartuja, ordenado según el proyecto de urbanización de Francisco Prieto-Moreno de 1970 sobre una superficie aproximada de 550.000 m2, en el que se determinó la estructura viaria y las infraestructuras para la posterior ejecución de los proyectos de las facultades. El arquitecto redacta en 1971 el proyecto de Filosofía y Letras sobre el actual emplazamiento, adaptando un anteproyecto de 1970 inicialmente concebido sobre otra parcela del Campus de Cartuja, hoy ocupada por Ciencias de la Educación.

Se trata de una edificación de rotunda implantación, inaugurada en el curso 1976-77, que organiza el ingreso principal desde un atrio en la cota superior a través de una amplia escalinata. El edificio se instala sobre la compleja topografía de la parcela mediante un planta en forma de peine que fija el eje principal de la ordenación paralelo a la calle de acceso para facilitar, con una topografía más suave, la comunicación horizontal entre los sectores de uso principales.

A eje de la entrada se sitúan los servicios generales, centralizando la agrupación de Decanato, Secretaría, Sala de Profesores, Biblioteca y Aulas

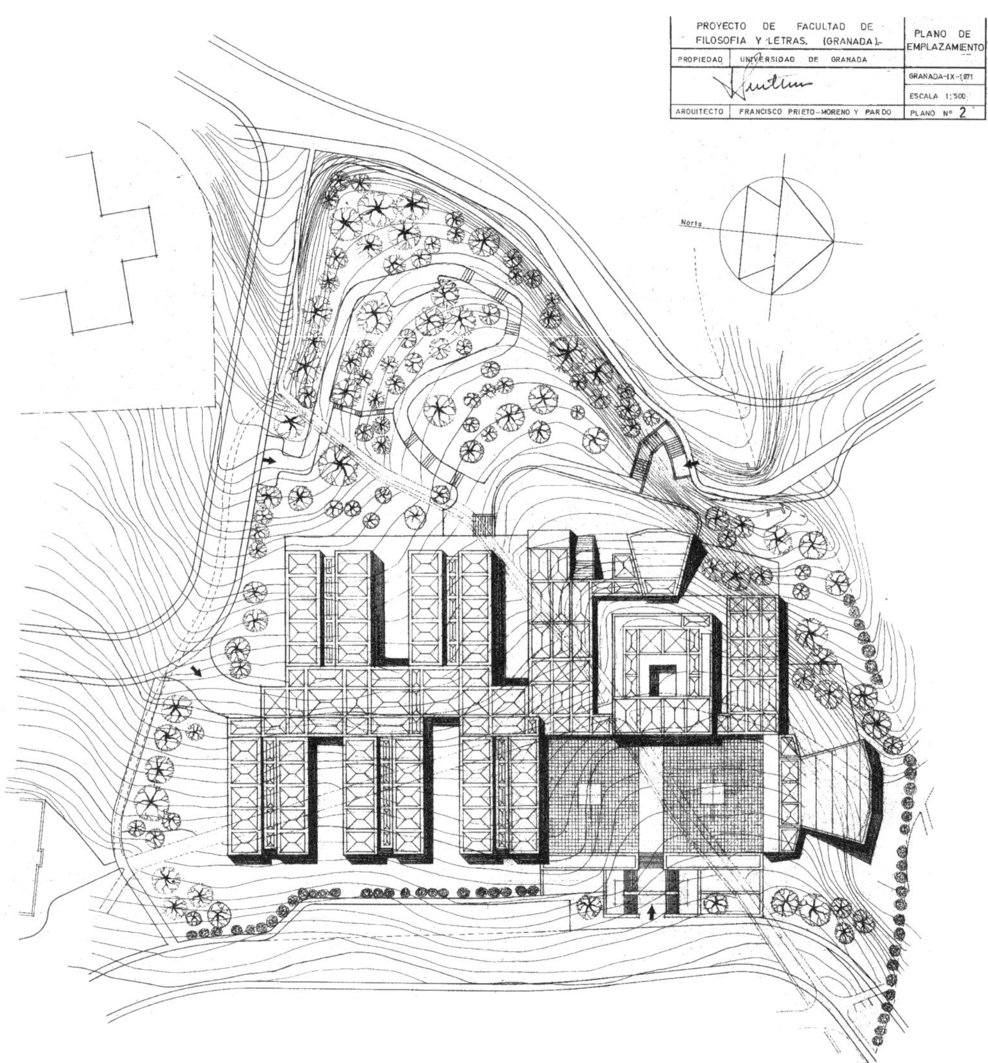

PROYECTO DE FACULTAD DE FILOSOFIA Y LETRAS. (GRANADA).-
PROPIEDAD UNIVERSIDAD DE GRANADA
ARQUITECTO FRANCISCO PRIETO-MORENO Y PARDO
PLANO DE EMPLAZAMIENTO
GRANADA-IX-1971
ESCALA 1:500
PLANO Nº 2
Norte

de conferencias. Hacia el sur se disponen los cinco volúmenes dedicados a la docencia, perpendiculares a la máxima pendiente y conectados con una generosa galería que presenta amplios paños acristalados para enmarcar las vistas transversales al paisaje a través de patios ajardinados. Las cinco unidades obedecían al principio de división de la Facultad en sendas secciones (Historia, Románicas, Filología Moderna, Filología Clásica y Filología Semítica); la circulación de este ámbito se produce desde el vestíbulo principal con posibilidades de salidas secundarias hacia las calles perimetrales. Cada unidad constaba inicialmente de dos plantas con un programa de tres aulas para 100 estudiantes, tres seminarios, tres despachos y aseos por planta. Los volúmenes de las aulas se componen mediante elementos verticales de hormigón con sección rectangular en el sentido normal como protección del acristalamiento de las fachadas, que queda retranqueado un metro sobre el vuelo de las vigas perimetrales.

La edificación presenta una clara adscripción brutalista, al priorizar el valor de la estructura a través del empleo sistemático del hormigón visto en pilares, vigas y muros pantalla, tanto en interior como en exterior, resaltando los pilares sobre los muros cortina de perfilería de aluminio, dejando las instalaciones técnicas al descubierto y ocultando las cubiertas tradicionales de teja tras un antepecho que remata la composición.

El alzado de entrada responde a la simetría de distribución de los usos comunes del programa a través de un orden apilastrado de hormigón que le otorga una rítmica composición clásica precedido de un tratamiento exterior de jardines y láminas de agua de inspiración árabe. El volumen organicista del salón de actos cierra el atrio de acceso por el norte, proponiéndose como una unidad singular con circulación independiente y capacidad para 900 estudiantes.

Prieto-Moreno, que ocupó el cargo de arquitecto jefe y conservador de la Alhambra entre 1937 y 1977, articuló este interesante edificio a partir de las numerosas referencias que centraban sus intereses personales y las inquietudes del debate arquitectónico del último tercio del siglo XX: composición simétrica en el acceso de inspiración clasicista, articulación funcional de las piezas de las aulas concebidas desde la autonomía del objeto y desde la relación con el paisaje, cuerpos dependientes al servicio de la forma global con la estructura y la construcción en hormigón armado visto como elementos generadores del proyecto, piezas singulares desgajadas del programa con protagonismo funcional y simbólico y espacios exteriores de relación con el Campus de geometría y materialidad en ladrillo de evidente influencia nazarí.

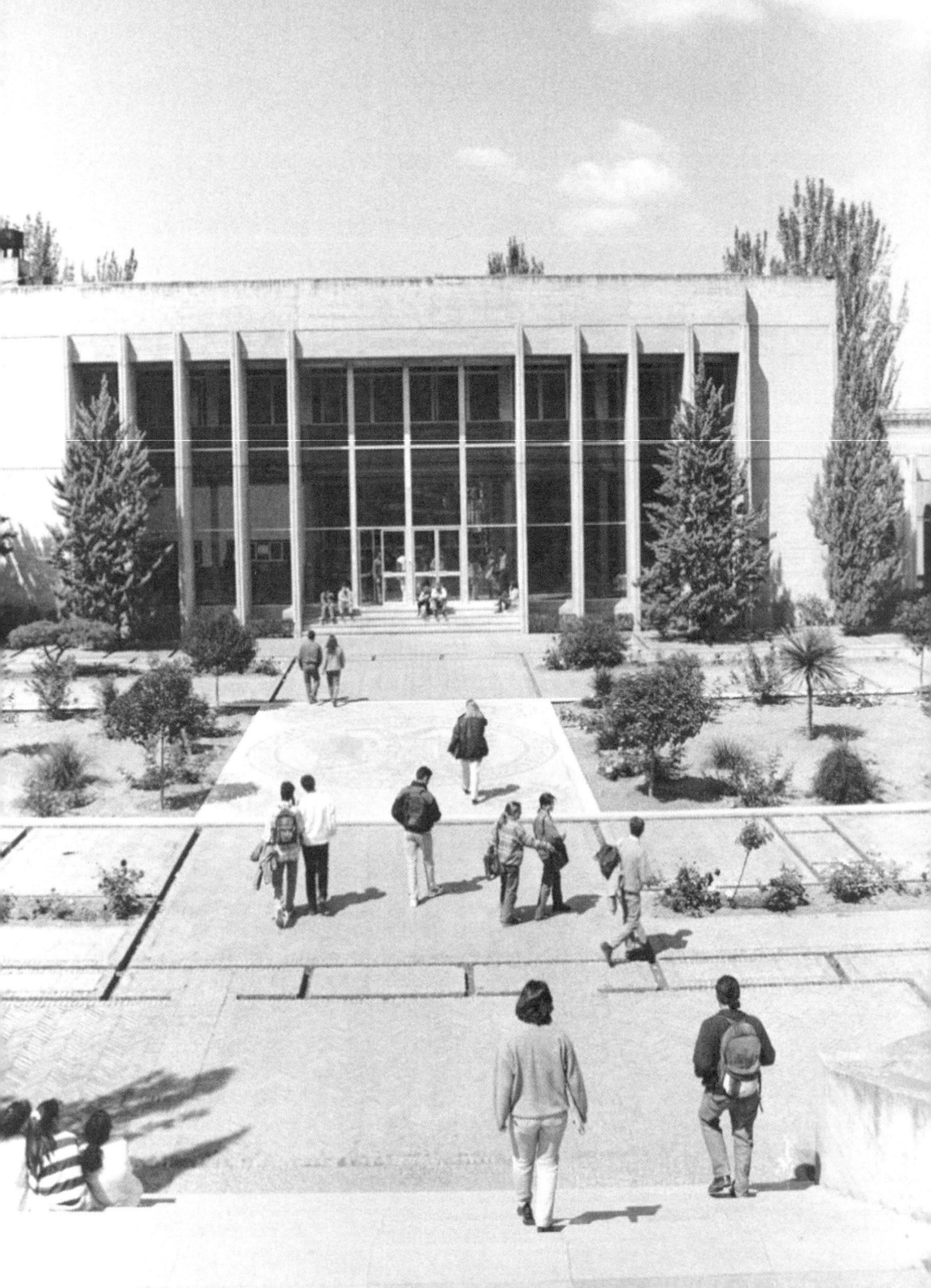

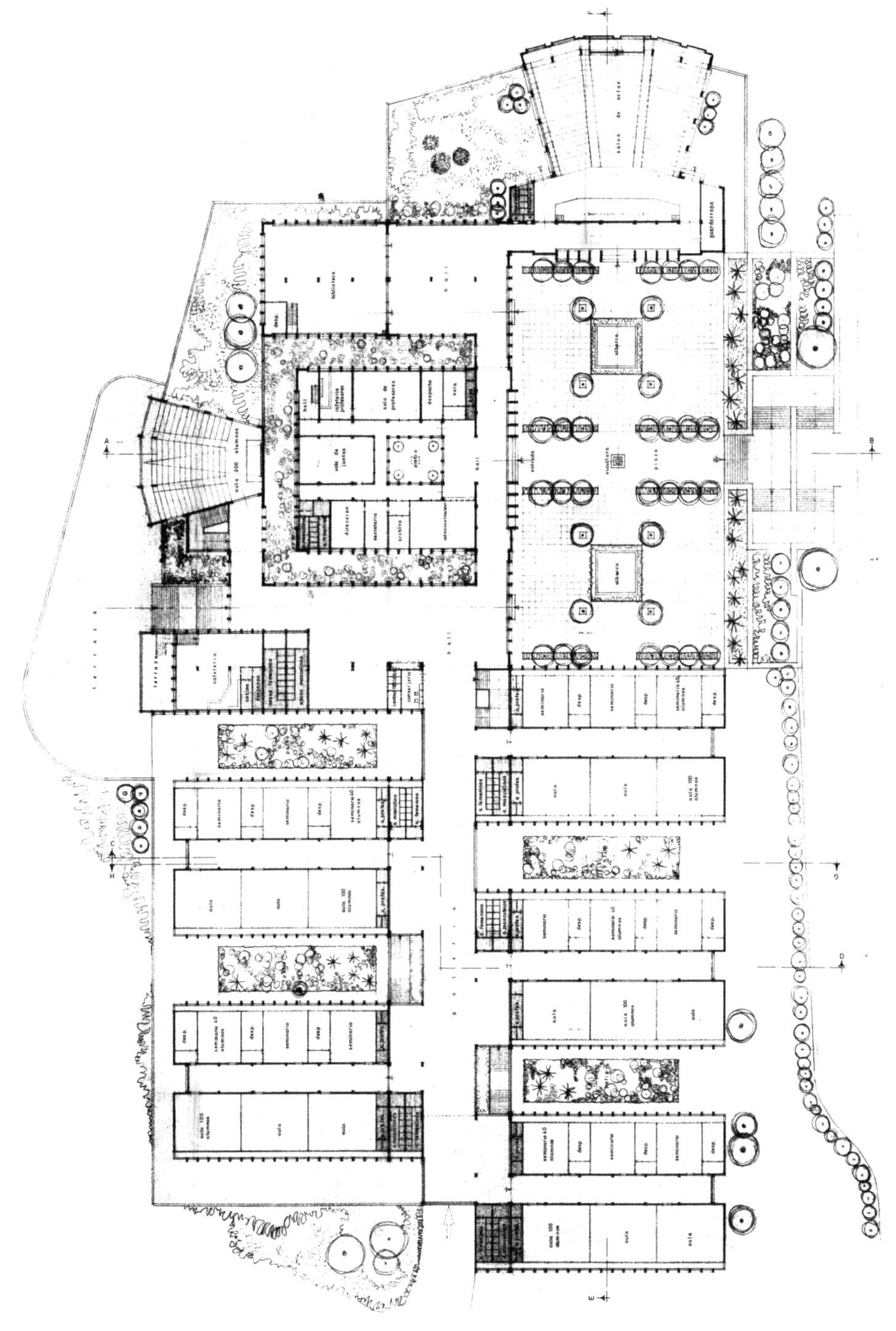

PROYECTO DE FACULTAD DE FILOSOFIA Y LETRAS (GRANADA).
PLANTA BAJA
PROPIEDAD   UNIVERSIDAD DE GRANADA
GRANADA-IX-1971
ESCALA 1:200
ARQUITECTO   FRANCISCO PRIETO-MORENO Y PARDO
PLANO Nº 9

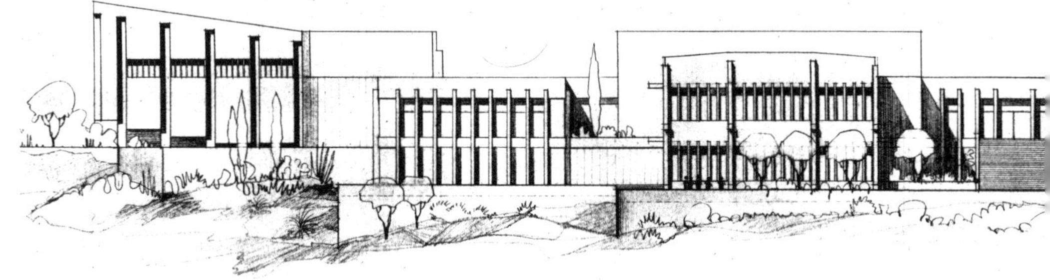

FACHADA OESTE

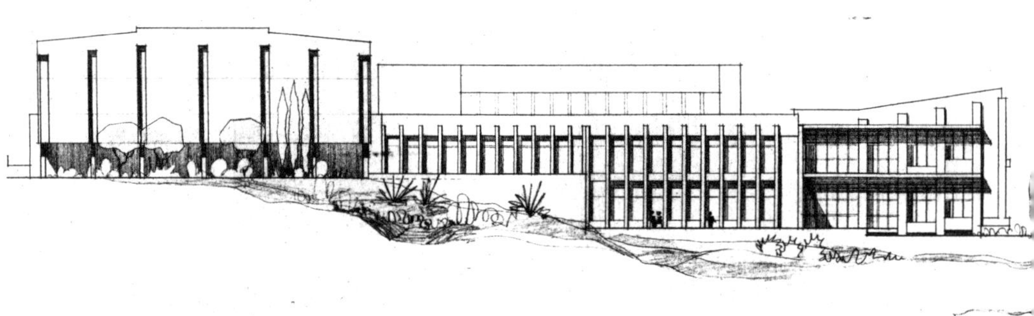

FACHADA NORTE

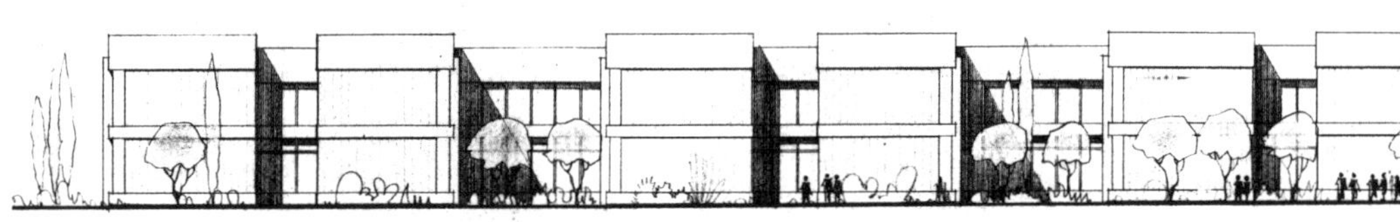

FACHADA ESTE

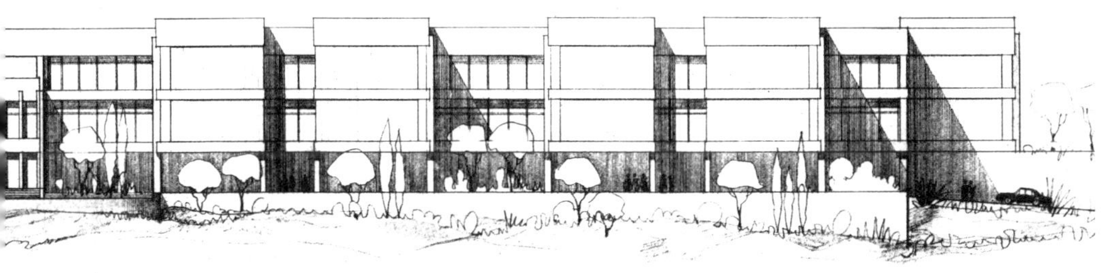

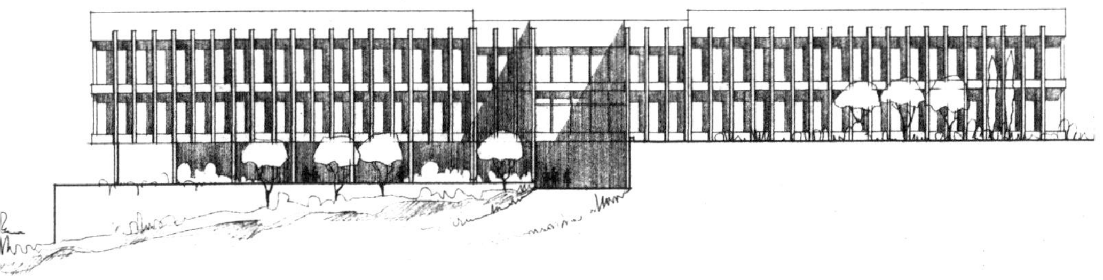

FACHADA SUR

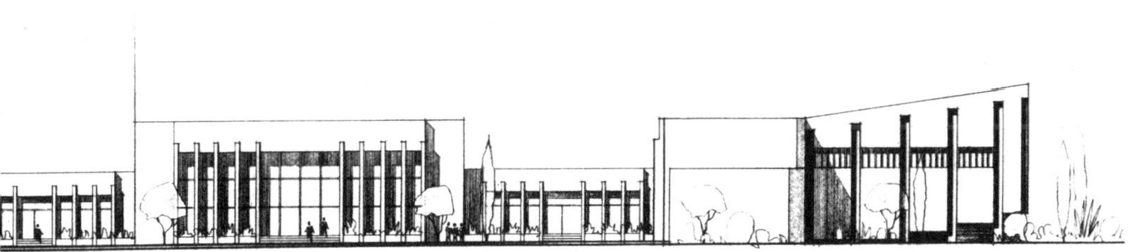

PROYECTO DE FACULTAD DE FILOSOFIA Y LETRAS. (GRANADA)._	FACHADAS
PROPIEDAD UNIVERSIDAD DE GRANADA	GRANADA-IX-1971
	ESCALA 1:200
ARQUITECTO FRANCISCO PRIETO-MORENO Y PARDO	PLANO Nº 13

El edificio ha sufrido numerosas ampliaciones y reformas para adpatarlo a la demanda creciente de alumnos y a la diversificación de las enseñanzas, siendo la más reciente la creación de un nuevo bloque departamental en 2008 por el arquitecto Darío Vallejo. Igualmente, en los últimos años se ha producido una colonización especulativa de los espacios originales de circulación que han desvirtuado la rotundidad de la concepción inicial.

La Facultad de Filosofía y Letras de Granada presenta un nivel 3 de Protección estructural en el PGOU de Granada y está incluido con nivel B en la ampliación temporal del registro Docomomo Ibérico.

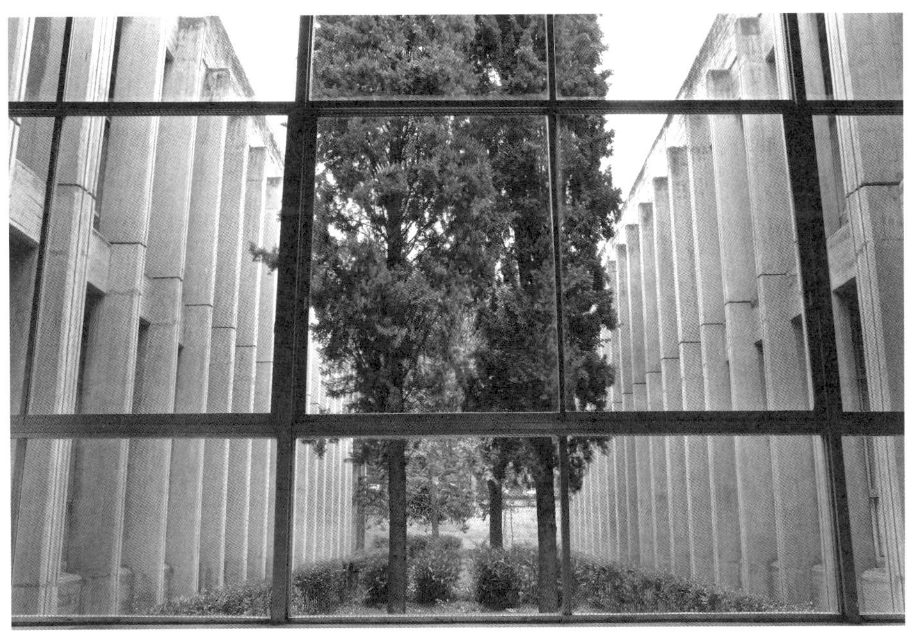

ANTEPROYECTO DE FACULTAD DE DERECHO

Alejandro de la Sota Martínez

Fecha de anteproyecto 1971

Arquitecto Alejandro de la Sota Martínez

(De la memoria del anteproyecto)

Actuación educacional masiva y actuación educacional minoritaria o individual. Separación entre ellas para el logro de una mayor eficacia.

Se cree en la intervención de los alumnos como participantes en el problema enseñanza-convivencia. Se piensa en la variabilidad de posibilidades de intervención, numero variabilísimo de alumnos, cambios en la enseñanza; en todo lo que no sea permanencia en un momento; se quiere dar forma a la variabilidad que todo esto representa, y se proyecta un edificio sensible y flexible a esta variabilidad. La planta baja es la más flexible a estos cambios, con clase masiva única divisible con facilidad adaptada al número de alumnos precisos en un momento- resultan recintos estables- longitudinal y escalonada en longitud, utilizable para clases, reuniones, asambleas, juntas, sesiones de cine, conferencias... iluminación y ventilación, lateral al bosque y cenital. Suelo escalonado con pavimento grato para sentarse sobre él y con agujeros-soportes para colocación de sillas giratorias orientables; el suelo de la clase se prolonga fuera del edificio -como las vías del ferrocarril fuera del túnel- con posibilidad de clases al aire libre bajo toldo... Los tabiques son retráctiles colgados del techo y de gran solidez y aislamiento.

Las clases de 50 alumnos, de pavimento horizontal, con ampliación al jardín propio de cada clase; posibilidad de clase bajo árboles dentro de la tapia.

Aislamiento de todas las clases del bullicio masivo por los despachos y el vestíbulo de doble puerta.

Galería-calle amplísima insonorizada central, de 6 m de anchura, abierta al cielo, abierta al paisaje en sus extremos y con patios acristálalos con árboles en su interior. Centro de gran actividad a horas de clase; existen locales anejos para preparación de apuntes, intercambios, con jardín propio.

Planta primera de trabajo minoritario e individual en seminarios-departamentos y gran sala de lectura de la biblioteca. Se accede por escaleras desde la calle-galería baja y se aíslan los departamentos por galería acristalada. Planta toda ella muy lejana, por aislamiento, a los ruidos de alumnos masa.

DEPARTAMENTOS

Dos plantas: en la baja, lugar de trabajo con alumnos en forma de seminarios, despacho del Jefe de Departamento - con entrada independiente- aseos y guardarropa, salida a terraza-jardín; en planta primera, despachos auxiliares y biblioteca.

BIBLIOTECA GENERAL

Sala de lectura en planta primera del edificio y depósito de libros en segunda planta. Iluminación lateral por ventanas al exterior y a patios ajardinados en sala de lectura; cenital en depósito de libros. Aseos propios.

Entrega de libros central para las dos salas aisladas de lectura, vigiladas a través de tabiques de cristal. Escalera y noria de comunicación entre las dos plantas de biblioteca. Ascensor desde sótano para subida de libros desde el almacén, a su recibo. Escalera independiente para el mismo servicio.

Aseos de toda la facultad (planta masiva) en sótano, independiente, únicos para toda ella, con mejor atención.

Planta de sótanos con almacenes, recibo de libros y útiles, posible instalación de aire,...

RESUMEN

Calle de comunicación central para clases masivas, aisladas de ella, en planta baja. Ampliación de clases masivas al aire libre. División libre del tamaño de las clases mayores por tabiques retráctiles colgados del techo: posibilidad de múltiples usos. Crecimiento longitudinal del número de clases.

Estudio reposado en planta primera y segunda, trabajo en seminario o individual. Gran aislamiento y expansión al aire libre con salida al bosque.

Comunicaciones muy claras y simples.

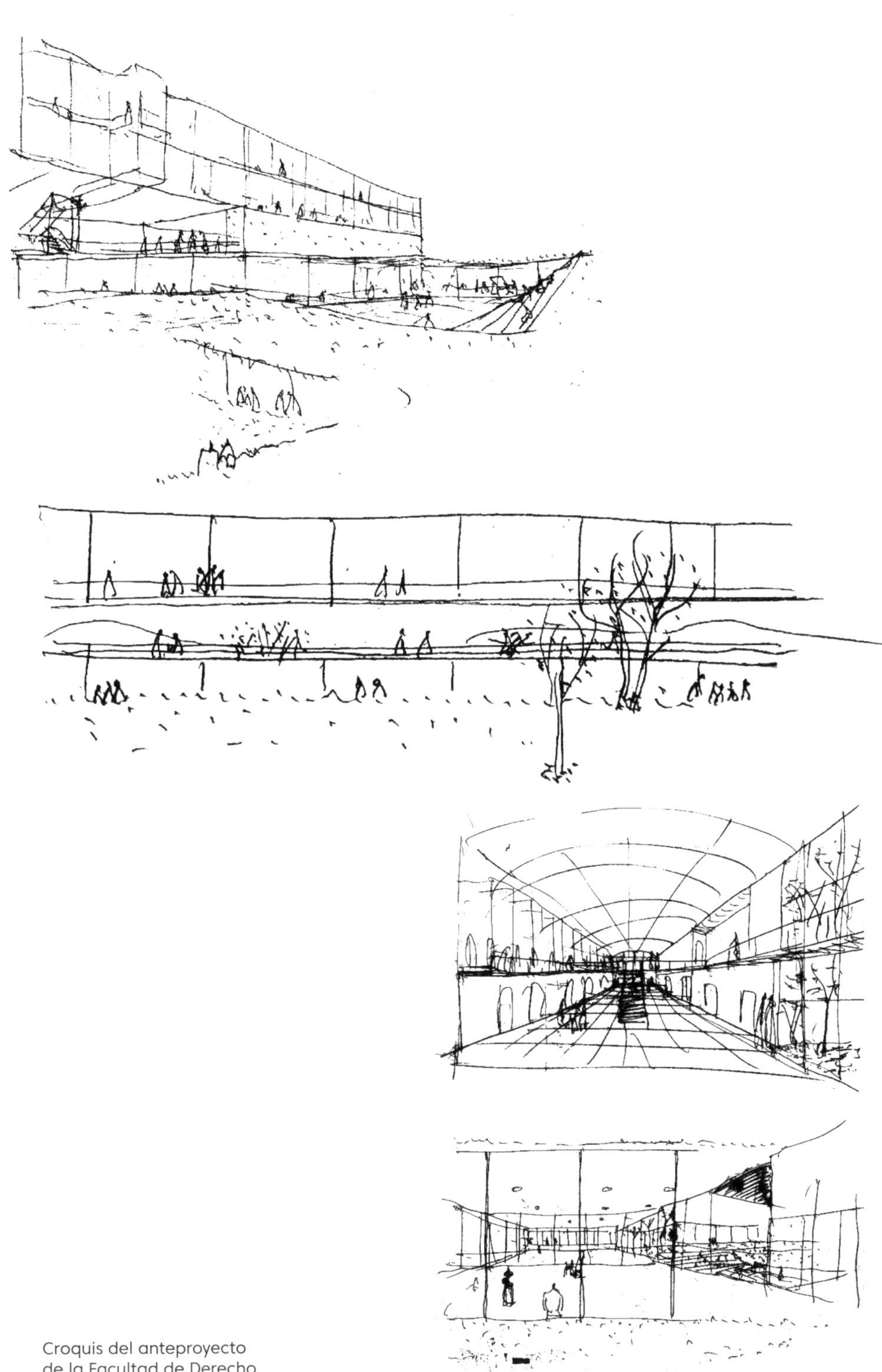

Croquis del anteproyecto
de la Facultad de Derecho

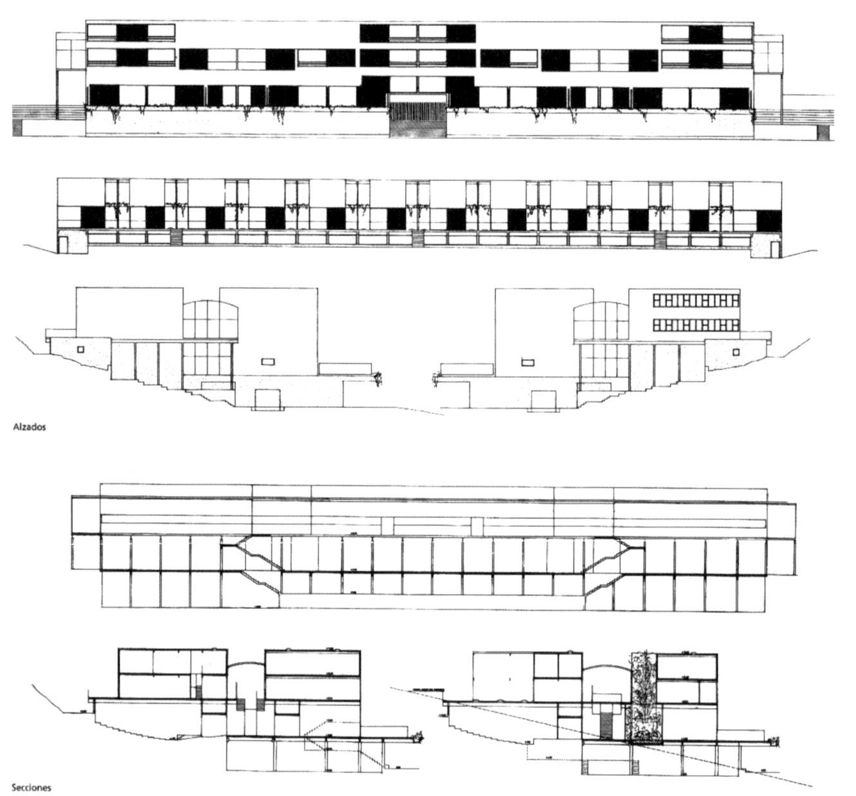

Alzados

Secciones

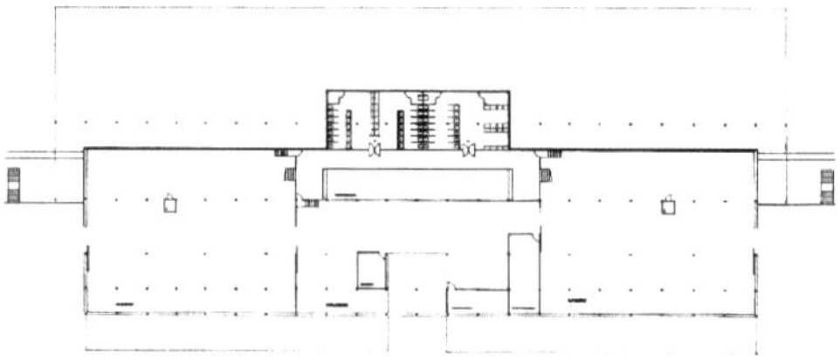

Planta sótano

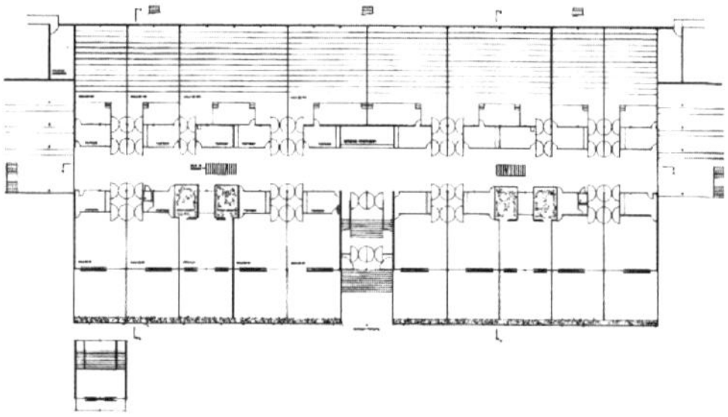

Planta baja

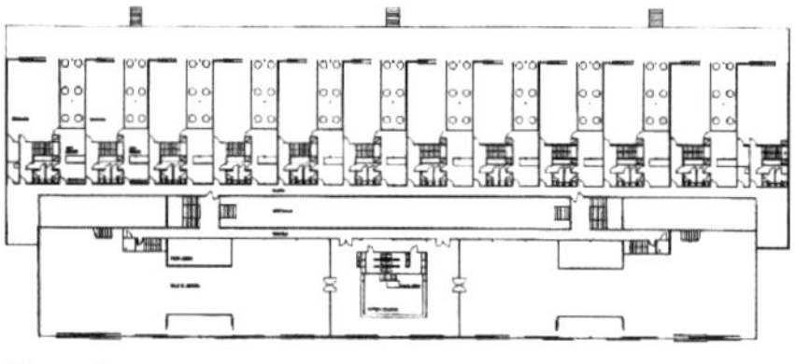

Planta primera

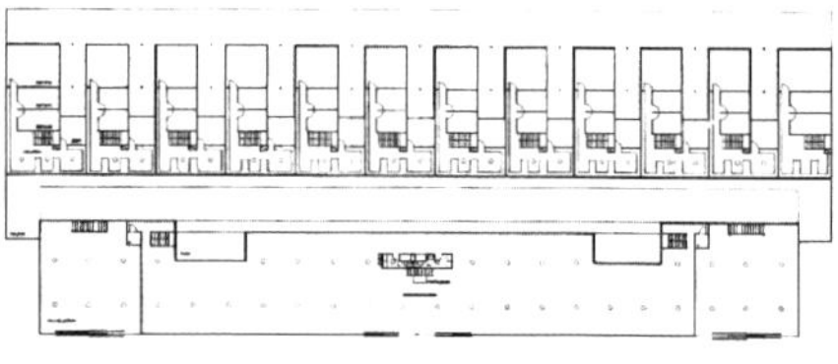

Planta segunda

PABELLÓN ALUMNOS

Independiente, gran vestíbulo con guardarropa y carteleras de anuncios, salón de estancia de alumnos, T.V. y salón de música entre plantas aisladas, cafetería y boite en entreplantas aisladas, cocina. Salón y cafetería con extensión exterior.

Aseo común con la Facultad. Puede ser independizado de la Facultad.

DECANATO, SECRETARÍA Y PROFESORES

Edificio abierto a un patio con alberca...; cerrado al exterior.

Despacho con espera y secretaría para Decano, Vicedecano; aseos propios.

Gran sala de profesores con acceso independiente.

Secretaría con acceso independiente, oficina directa al público y privada, despacho Secretario, estas últimas en planta primera; sótano para archivos, almacén...

Se separan los lugares de dirección y de administración, de trabajo, de estancia y diversión y se relacionan entre sí.

Se cree en la conveniencia de construir unas oficinas para actividades de los estudiantes: podrían situarse en planta sobre el pabellón de alumnos.

También vivienda para conserje.

Se cree indispensable el acondicionamiento de aire en la totalidad del edificio; la renovación constante de clases, lugares de estancia.... Es imprescindible hoy.

Se indica como contrapartida económica a favor, que se proyectan 3000 y pico de metros cuadrados menos de los previstos en los datos del primer juicio sobre superficie.

Prefabricado todo el edificio con planchas de "Uniseco" en blanco, con perfiles de acero inoxidable, sujetas a la estructura metálica, forjados de "Acieroid" pintados en su cara inferior al "Flock" absorbente, pavimentos de goma silenciosos, cristales contra el exceso de la luminosidad, envuelto todo el acristalamiento con persianas deslizantes... y metidos todos los edificios en cantidad masiva de árboles.

Grandes franjas de tapias blancas, entre verdes de vegetación pueden recordar tal vez a los Cármenes granadinos...

Madrid, 4 de Enero de 1971
EL ARQUITECTO

CENTRO DE INVESTIGACIÓN
MENTE, CEREBRO Y COMPORTAMIENTO

Sergio Castillo Hispán, Rafael Soler Márquez,
Francisco Martínez Manso, Ignacio Rodríguez Bailón

Fecha de concurso	Arquitectos	Fecha de construcción
2009	Francisco Martínez Manso, Rafael Soler y AV13 arquitectos	2012

Escribir este texto sobre el Centro de Investigación Mente Cerebro y Comportamiento con motivo de la exposición *La Universidad Construida. Recuperación del patrimonio y arquitectura contemporánea* supone una oportunidad para volver a pensar los principios fundamentales que dieron lugar a esta intervención.

El proyecto trabajó con el paisaje, la topografía y la construcción desde un programa complejo, aspirando a producir una arquitectura lo más precisa posible en lo conceptual y lo constructivo, que tuviera capacidad de evolucionar bien en el tiempo. Visitado el centro más de diez años después de acabada la obra hemos encontrado un edificio vivo y bien conservado, que se reafirma en sus intenciones de partida.

La parcela en donde se sitúa el Centro de Investigación Mente, Cerebro y Comportamiento tiene una posición privilegiada en el Campus Universitario de Cartuja, en una cornisa orientada a poniente con hermosas vistas de la ciudad baja, la vega de Granada y el paisaje montañoso lejano.

El proyecto considera fundamental la manera de asentarse en el paisaje de la ladera de Cartuja: lo hace reconstruyendo con su edificación la cornisa existente a la cota +770, de tal forma que en la plataforma de acceso superior, el edificio aparece con una única planta, descolgándose en estratos que dan

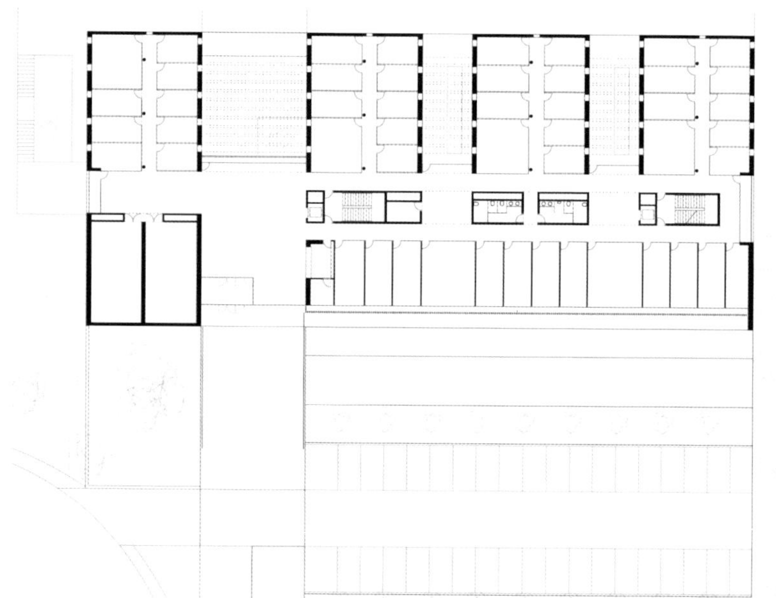

PLANTA ACCESO SUPERIOR. NIVEL 3

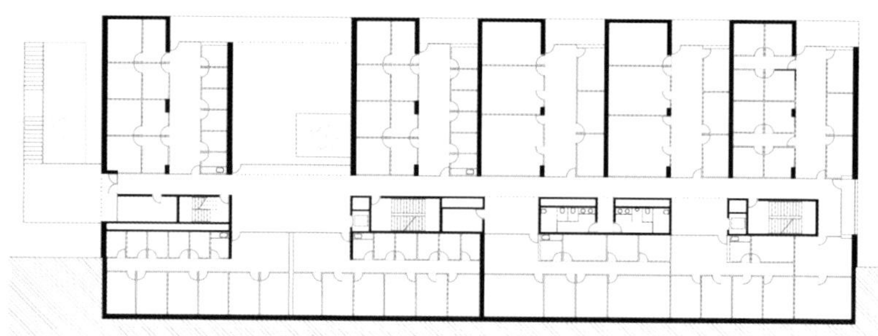

PLANTAS DE LABORATORIOS. NIVELES 1,2

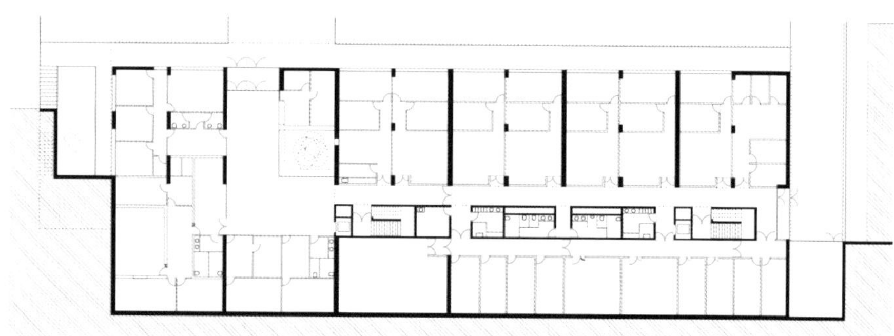

PLANTA ACCESO INFERIOR. NIVEL 0

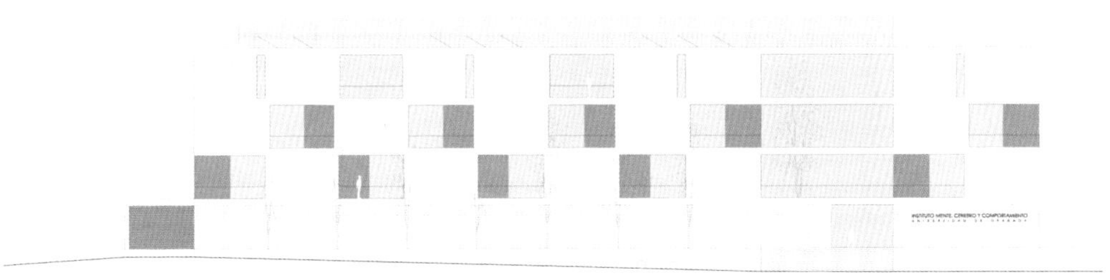

ALZADO ACCESO INFERIOR (SURESTE)

ALZADO ACCESO SUPERIOR (NOROESTE)

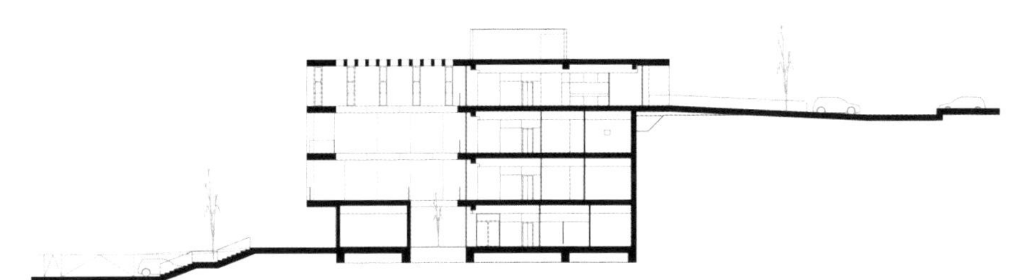

SECCION TRANSVERSAL POR PATIO PRINCIPAL

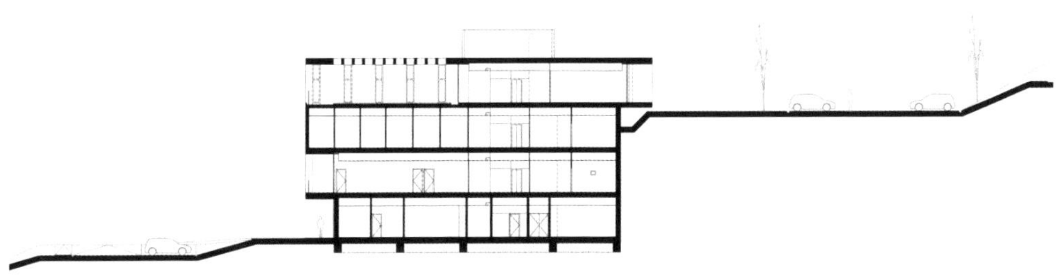

SECCION TRANSVERSAL POR PATIO SECUNDARIO

continuidad a la propia topografía de la ladera. Se concibe así el edificio en continuidad con la estructura topográfica del talud, siendo sus estratos una metáfora construida de la propia estructura del paisaje.

La posición encastrada en la pendiente ha posibilitado trabajar con dos escalas, una mas próxima y amable en relación a Campus de Cartuja que se aprecia en cómo el edificio aparece bajo, horizontal y terso en la plataforma superior y otra escala, que tiene que ver con el paisaje lejano, en donde el edificio se muestra más abstracto con huecos netos y profundos.

A pesar de las numerosas áreas del programa de laboratorios que requieren espacios cerrados debido al tipo de investigación que en ellos se desarrolla, el proyecto propone un edificio en donde la luz y las vistas penetran y son protagonistas de los espacios colectivos previos de estos laboratorios y de los demás espacios generales del edificio.

El proyecto propone dos accesos independientes, uno por la parte superior, relacionado con la Facultad de Psicología, y otro, en la parte baja, aprovechando así el fuerte desnivel presente en la parcela. Ambos accesos se hacen evidentes en el edificio a través de un amplio patio que los relaciona y que articula el preciso volumen construido.

En el acceso superior el edificio se presenta amable con una única planta que ofrece desde su vestíbulo una panorámica muy apaisada de la ciudad. Este nivel, por su actividad más publica y permeable, se estructura mediante una sucesión en peine de patios abiertos al paisaje.

El edificio se desarrolla en cuatro niveles, con una organización común que posibilita particularizaciones específicas en cada nivel acordes al programa que cada uno acoge.

Básicamente esta estructura está configurada por tres bandas paralelas a las líneas de nivel: una primera que en las plantas inferiores queda en contacto con el terreno excavado de la ladera, una central que acoge todas las circulaciones verticales y horizontales, así como los servicios y patios de instalaciones del edificio y, finalmente, una tercera, más profunda, con una disposición a la vez transversal que posibilita la organización de las distintas áreas del programa.

En la planta superior, en donde se producen el acceso y vestíbulo principal con las hermosas vistas del paisaje que produce su privilegiada posición, se sitúan las áreas de dirección, administración, salas de conferencias, seminarios y los despachos de profesores, investigadores y becarios.

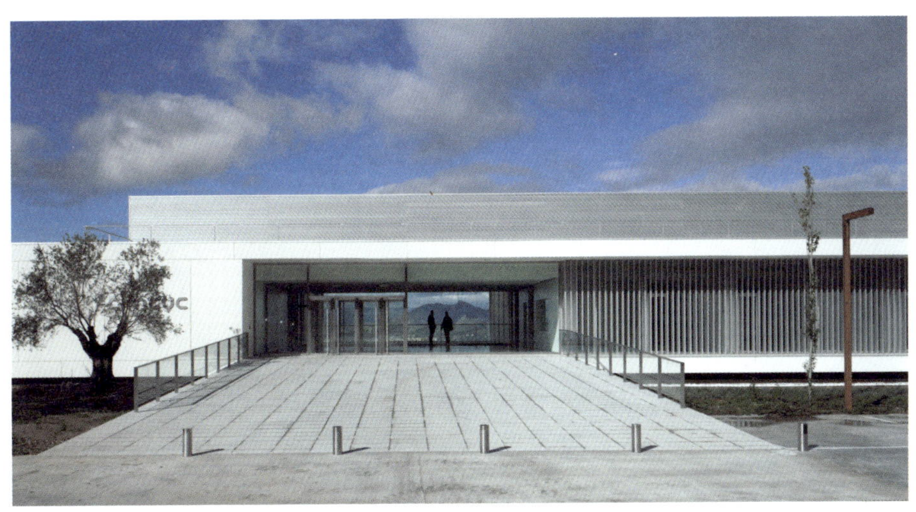

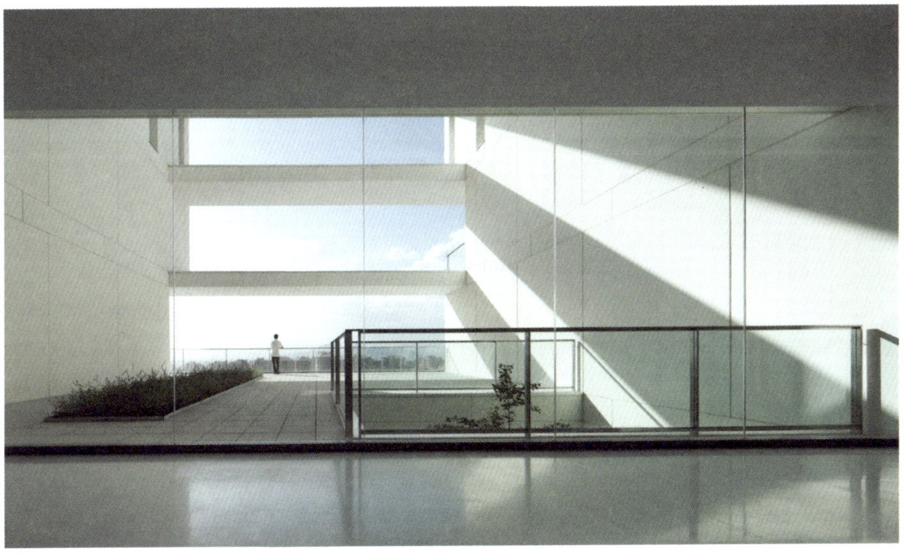

La estructura general del edificio se hace singular en este nivel (único sobre rasante en sus cuatro fachadas) produciendo una secuencia de patios abiertos a la luz y el paisaje que pauta la organización de los espacios del programa en esta planta.

Se consigue así una muy buena iluminación natural de todos los espacios del programa que la requieren y una hermosa relación con las visualizaciones del paisaje próximo y lejano, según las diferentes posiciones y orientaciones.

Los laboratorios se sitúan en las tres plantas inferiores. Están proyectados como una estructura repetitiva que permite diferentes organizaciones para adaptarse al programa solicitado por cada uno de los equipos investigadores. Todos cuentan con una antesala que es la única dependencia que se abre totalmente al paisaje y comunica con un pequeño espacio exterior independiente del resto del edificio que funciona como lugar de descanso y relación dentro del propio laboratorio.

La estructura de estos módulos de laboratorio da flexibilidad a su organización y posibilita el cambio en el tiempo de una a otra configuración según las distintas necesidades que se vayan planteando.

La Resonancia Magnética se sitúa en la parte baja del edificio, relacionada con el segundo acceso al edificio, lo cual permite su uso de forma independiente. El peso y dimensión de los equipos específicos para este tipo de actividad hacen recomendable su situación en esta planta baja, para no complicar y encarecer la configuración estructural del edificio. Relacionados con este segundo acceso al edificio también se sitúan la Unidad Clínica, los laboratorios de Discapacidad y Psicobiología y Biofeedback, abiertos a un vestíbulo cualificado por la entrada de luz y la vegetación de un amable patio.

Todos los laboratorios de Psicobiología y Aprendizaje Animal y sus dependencias anexas se sitúan en la planta más baja del edificio por su fácil acceso rodado, en una zona más cerrada al exterior por las características propias de las investigaciones que en ellos se desarrollan y con salida independiente por un lateral del edificio. Próximo a este acceso y abierto directamente al exterior se sitúan los cuartos de instalaciones.

En la cubierta se propone un recinto protegido de vistas, insonorizado en su perímetro y abierto superiormente, que acoge todas las maquinarias de climatización y ventilación con acceso por una de las dos escaleras del edificio. Así mismo se disponen en continuidad con la propia estructura del edificio las instalaciones de placas solares y fotovoltaicas que la normativa exige.

FICHA TÉCNICA DEL PROYECTO

CENTRO DE INVESTIGACIÓN MENTE, CEREBRO Y COMPORTAMIENTO

Arquitectos: martinezysoler arquitectura + AV13arquitectos (Rafael Soler Márquez, Francisco Martínez Manso / Sergio Castillo Hispán, José Antonio Pérez González, Ignacio Rodríguez Bailón)
Arquitectos Técnicos: Francisco Javier Escolano, José Moreno Gómez
Fecha de concurso: 2009
Fecha de construccion: 2012
Superficie construida: 7.280,08m2
Ingeniería: INGENIERÍA VARGAS. Esteban Vargas Salmerón
Estructura: HL Ingeniería de Estructuras. José Lavado Rodríguez
Empresa Constructora: UTE AÑIL -JARQUIL- PÉREZ JIMENEZ
Jefe de Obra: Rubén Ruiz Alarcón
Coordinador Unidad Técnica: Tomás Carranza Núñez
Coordinador del Centro: Andrés Catena Martínez
Fotografía: Lluís Casals – Javier Callejas

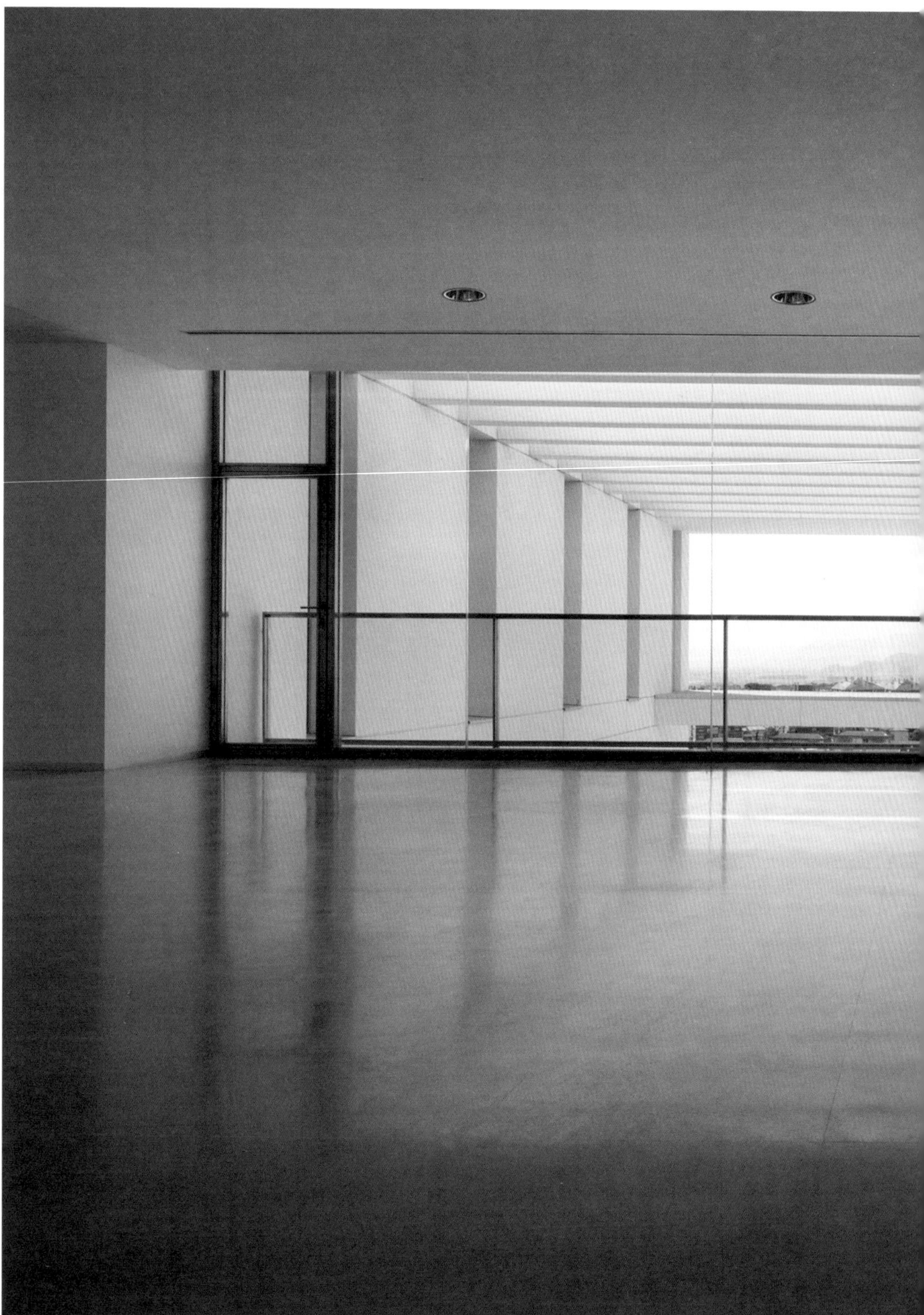

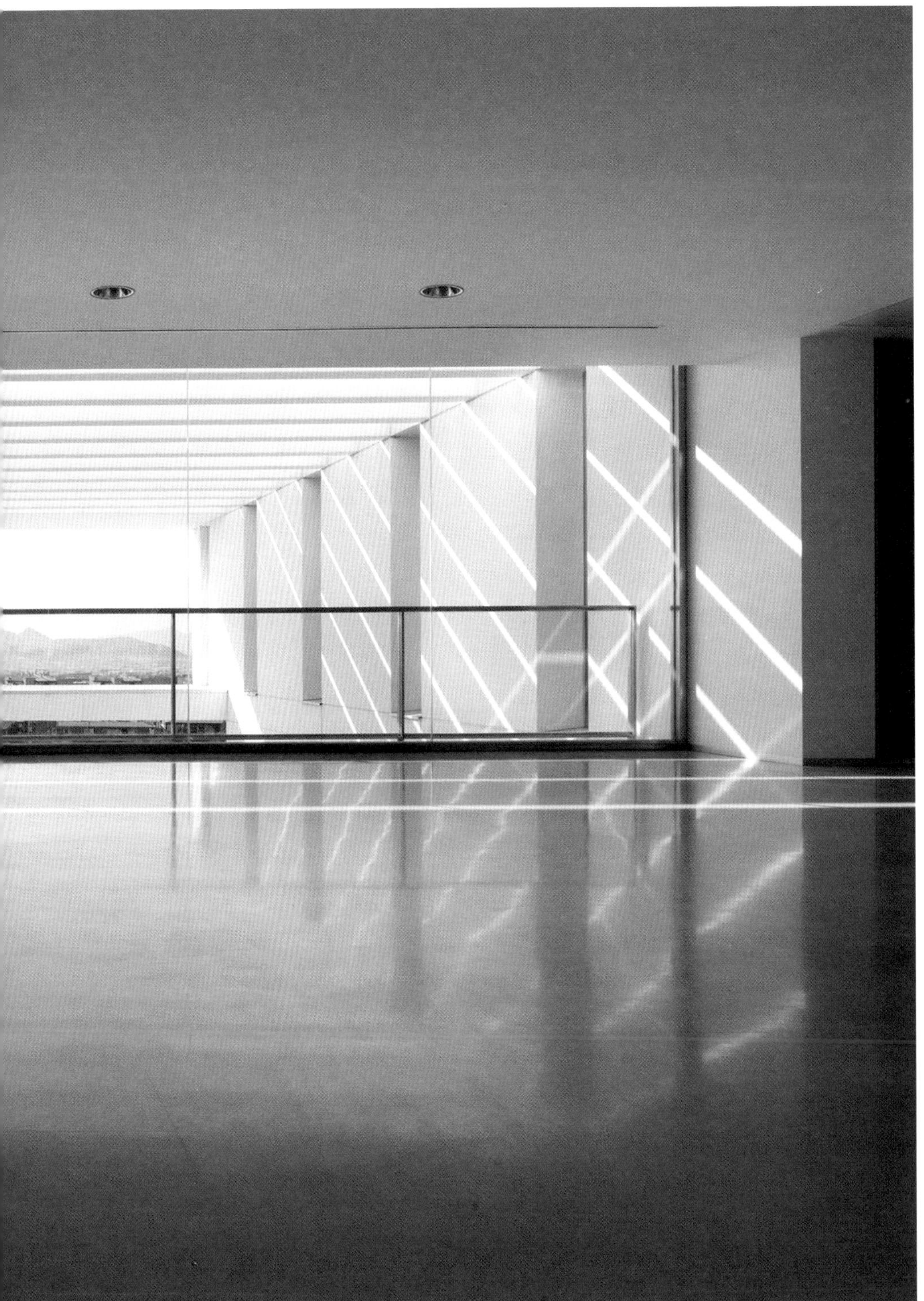

CAMPUS UNIVERSITARIO DE CIENCIAS DE LA SALUD

Ricardo Hernández Soriano

EDIFICIO DE SERVICIOS GENERALES

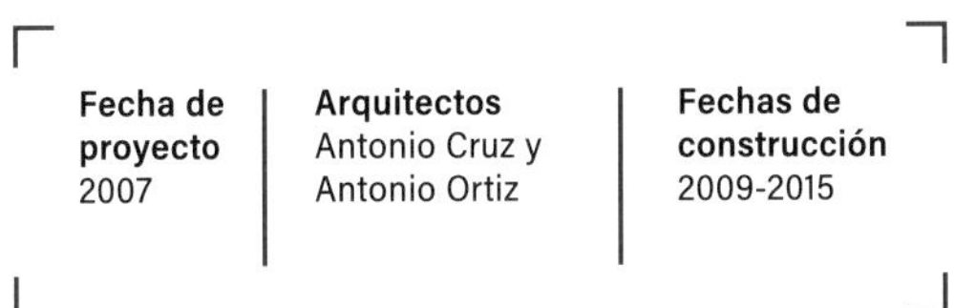

Fecha de proyecto	**Arquitectos**	**Fechas de construcción**
2007	Antonio Cruz y Antonio Ortiz	2009-2015

El Parque Tecnológico de Ciencias de la Salud se concibe en 1989 como un gran proyecto de futuro y de equilibrio territorial andaluz para integrar actividad docente, investigadora, asistencial y de desarrollo tecnológico e innovación empresarial y arranca con la decisión en 1995 de su actual emplazamiento tras un intenso debate urbano. En 2006 se convoca un Concurso Internacional de Ideas para la ordenación de los usos docentes en el que resultaron vencedores los arquitectos sevillanos Antonio Cruz y Antonio Ortiz, de la que son consecuencia el edificio de Servicios Generales, la facultad de Ciencias de la Salud y las tres torres de la facultad de Medicina, integrados en el paisaje urbano y acompañando los recorridos cotidianos asociados a los flujos de movimiento de la periferia metropolitana.

Numerosos edificios destinados a I+D ejercen su actividad, configurando un referente cultural y empresarial y un laboratorio de experimentación para la arquitectura del siglo XXI. Los singulares edificios construidos en estas dos últimas décadas forman ya parte del paisaje urbano y acompañan los recorridos cotidianos asociados a los flujos de movimiento de la periferia metropolitana, consolidándose como un activo cultural y empresarial y referenciando la periferia sur del Área Metropolitana de Granada.

A Antonio Cruz y Antonio Ortiz correspondió, en su condición de vencedores en el Concurso de Ideas de 2006, además de la ordenación general de los

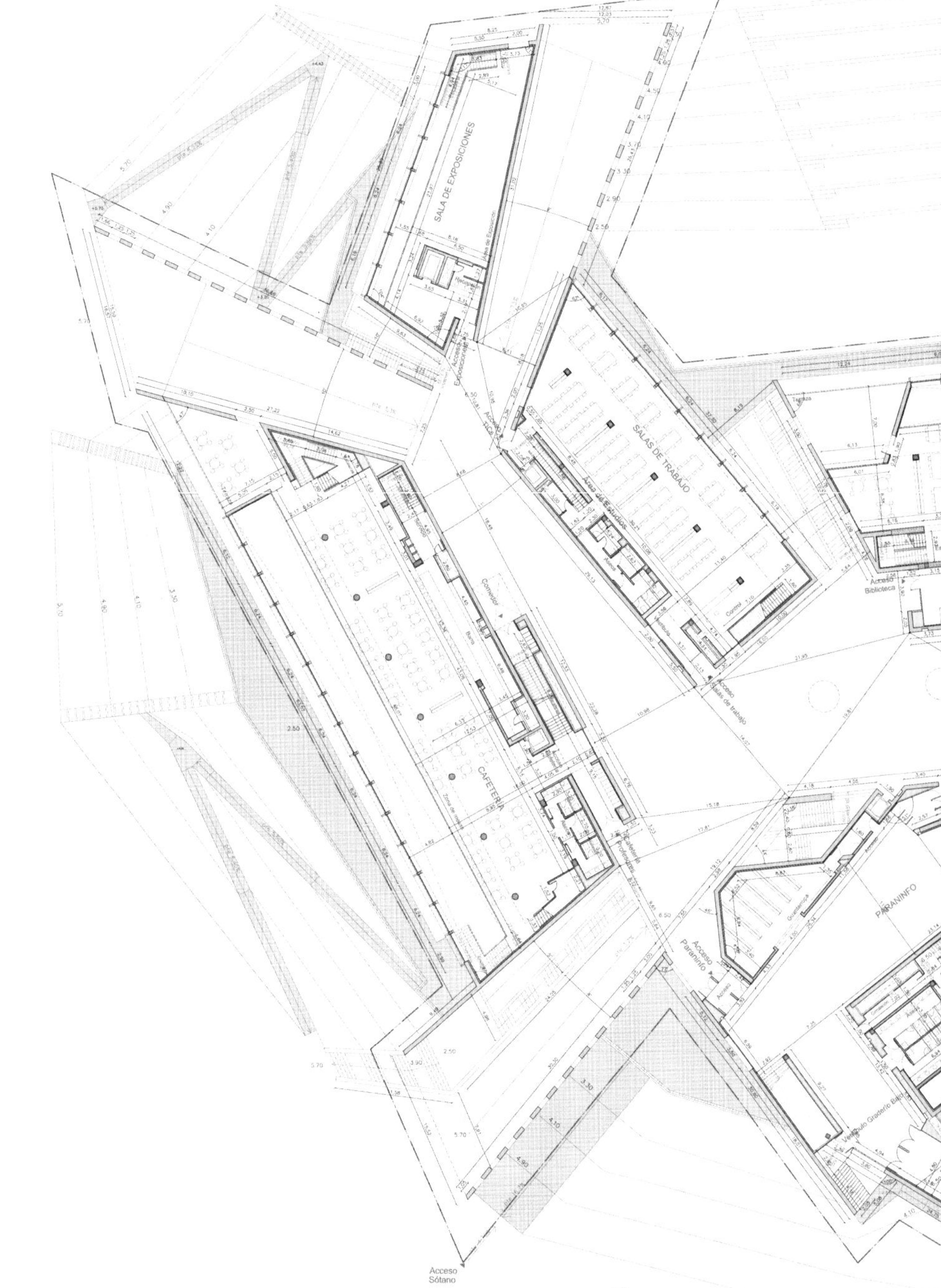
SALA DE EXPOSICIONES
SALAS DE TRABAJO
CAFETERÍA
PARANINFO
Acceso Biblioteca
Acceso Paraninfo
Acceso Sótano
Vestíbulo Graderío Bajo

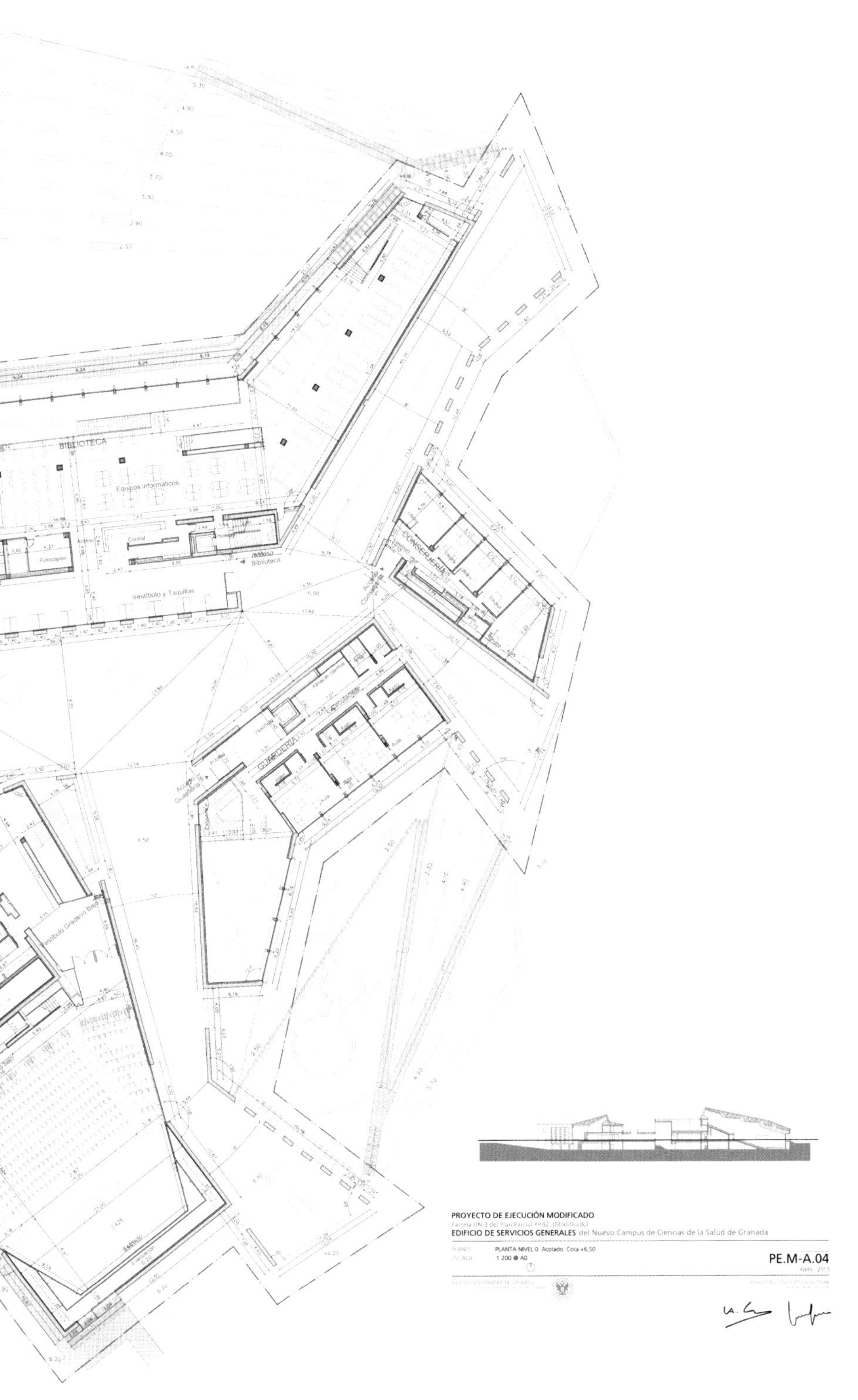

PROYECTO DE EJECUCIÓN MODIFICADO
Parcela UN-3 del Plan Parcial PP-S2. (Modificado)
EDIFICIO DE SERVICIOS GENERALES del Nuevo Campus de Ciencias de la Salud de Granada

PLANO: PLANTA NIVEL 0. Acotado. Cota +6,50
ESCALA: 1:200 @ A0

PE.M-A.04

ABRIL 2013

usos universitarios en el Campus de la Salud, la redacción de los proyectos y construcción de los edificios de Servicios Generales y de la facultad de Medicina. El nuevo Campus pretendía ofrecer una imagen urbana con grandes espacios libres y vegetación donde combinar ciudad y naturaleza, buscando recuperar la ruptura con la Vega de Granada y la pérdida de su carácter natural que supuso la creación de las dos vías rápidas de tráfico.

La propuesta de ordenación ganadora del Concurso planteaba una edificación muy horizontal de dos o tres plantas rematada en sus extremos por unas alturas edificadas de 10 a 12 plantas que pretenden erigirse en la referencia visual del conjunto. Con unos parámetros urbanísticos comunes, se plantea abrir la opción a gran libertad de diseños por parte de los equipos encargados del desarrollo de las diversas facultades, cuya solvencia y capacidad estaba acreditada a raíz de su selección en el Concurso, garantizando la apuesta por ejercicios de arquitectura contemporánea de calidad.

El edificio de Servicios Generales asume la centralidad organizativa del campus universitario, erigiéndose en una pieza singular permeable al sistema de circulaciones y equidistante con todas las facultades, vinculándolas entre sí y con su entorno urbano y asistencial. Concluido en 2015, el edificio adopta una forma orgánica y específica, compatible con la singularidad de usos que lo componen y con la necesidad de enlazar los flujos y circulaciones del Campus. Está compuesto por un conjunto de edificios más pequeños que albergan los usos comunes a todas las facultades (Paraninfo para 1000 espectadores, cafetería, comedor, biblioteca, guardería, servicios informáticos y zonas expositivas que suman un total de 18.200 m2 incluidos almacenes y aparcamientos) significados mediante volumetrías reconocibles de tres alturas, una de ellas bajo rasante. Se conectan por una calle peatonal cubierta que diferencia los vestíbulos de acceso a cada edificio y genera espacios de encuentro abiertos puntualmente mediante lucernarios.

Este espacio de circulación se desarrolla a la cota del Campus, por lo que las plantas inferiores quedan por debajo de ese nivel. Por ello, el terreno se deprime en el perímetro, adaptándose a las especificidades de las diversas funciones, garantizado la iluminación de las estancias, atenuando el desnivel longitudinal del conjunto y generando planos inclinados ajardinados para su uso al aire libre. (Figura 2)

El edificio adopta una forma singular y característica, siguiendo la marcada horizontalidad prevista en el ámbito central del Campus frente a la condición vertical de la edificación en los extremos. Su disposición orgánica y libre surge de la voluntad de canalizar los accesos y circulaciones de los diversos focos del entorno, siendo resultado de la confluencia azarosa de los caminos que definen los flujos de movimiento y de los giros de los volúmenes para responder a todas las orientaciones y solicitaciones urbanas.

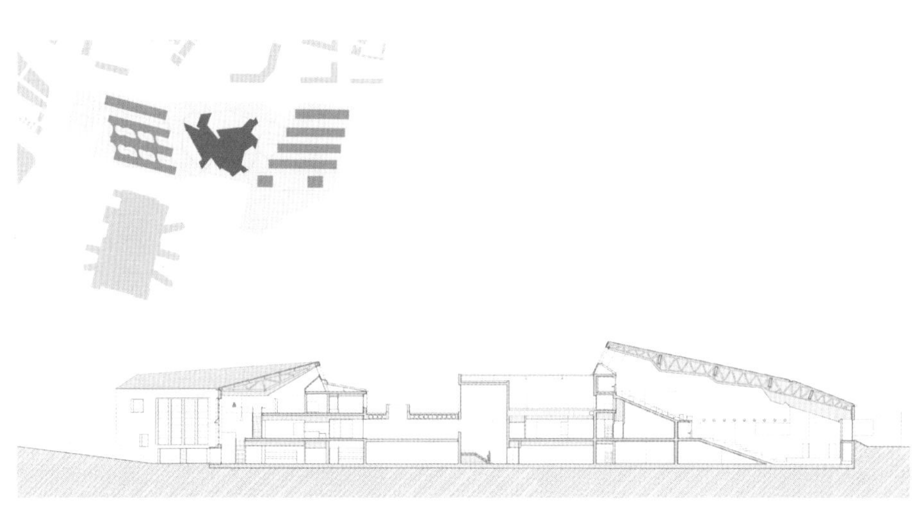

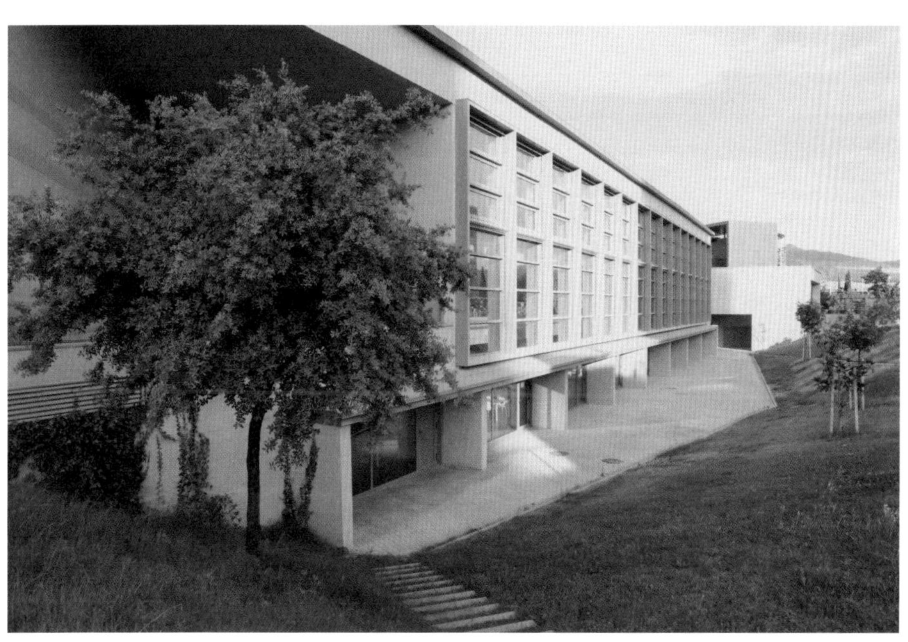

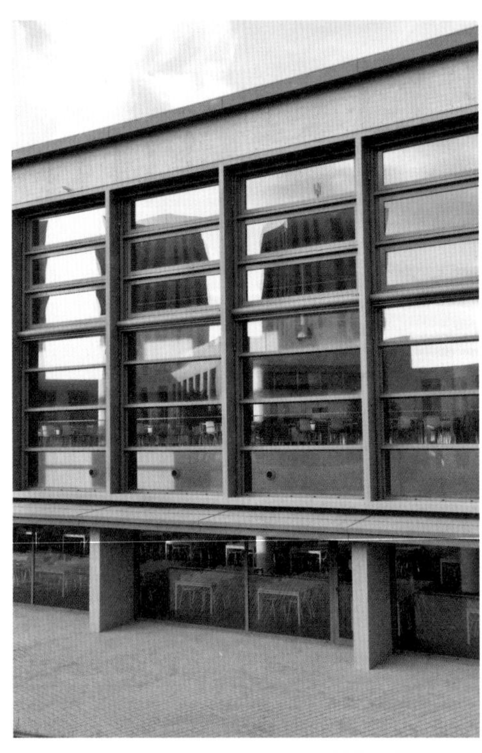

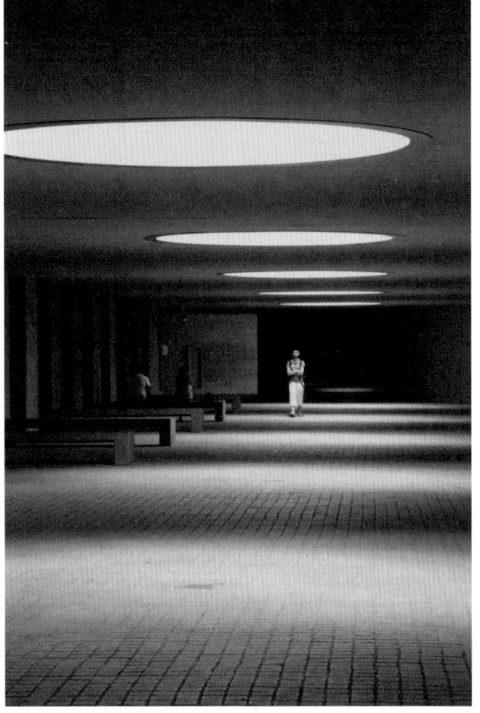

La materialidad, resuelta por Cruz y Ortiz mediante muros de hormigón armado visto de 40 cms, carpintería de aluminio lacado gris y cubiertas inclinadas de zinc en pabellones, otorga unidad a todo el conjunto, quedando a un nivel inferior la cubierta invertida de la calle interior pero prolongándose para configurarse en cada orientación como puertas abiertas a los flujos que genera el campus. El pavimento de la calle se ha unificado con el resto de caminos exteriores del Campus.

La idea de centralidad que rige la ordenación del edificio es extensible también a las instalaciones de climatización e incendios de todo el Campus universitario; el edificio se conecta con las facultades a través de galería subterráneas para permitir una comunicación interior que pueda absorber futuras demandas de crecimiento.

El edificio ha sido reconocido con la VI edición del Premio García de Paredes 2013-2017 del Colegio de Arquitectos de Granada y ha sido finalista del Premio de Arquitectura Contemporánea Mies van der Rohe 2017.

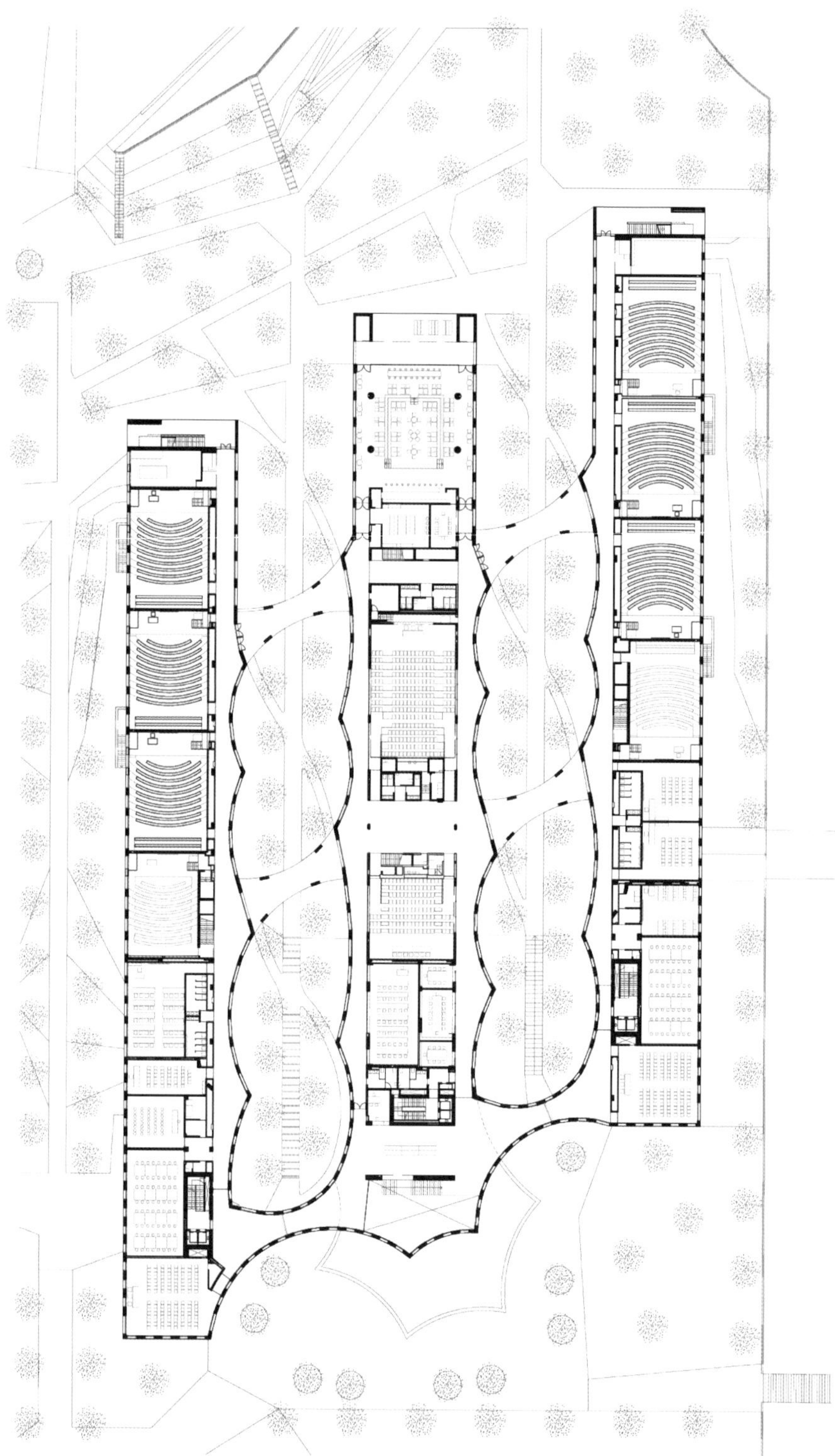

FACULTAD DE MEDICINA

Fecha de proyecto	**Arquitecto**	**Fechas de construcción**
2007	Antonio Cruz y Antonio Ortiz	2010 -2015

FACULTAD DE CIENCIAS DE LA SALUD

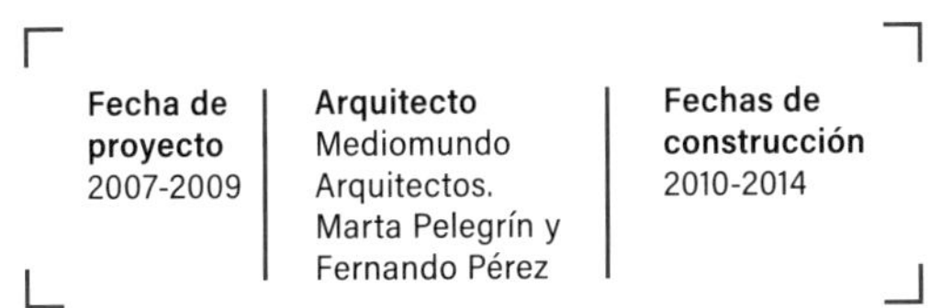

Fecha de proyecto	**Arquitecto**	**Fechas de construcción**
2007-2009	Mediomundo Arquitectos. Marta Pelegrín y Fernando Pérez	2010-2014

La ordenación general concibe los edificios de las facultades como dos grupos de cuatro piezas de acusada horizontalidad en continuidad con el edificio de Servicios Generales a través de zonas ajardinadas que alojan la parte docente para minimizar los desplazamientos verticales y que quedan singularizadas en sus extremos con elevadas torres destinadas a investigación, departamentos y despachos, erigiéndose en hitos verticales que referencian el campus en el perfil de la ciudad y singularizan la imagen definitiva de cada facultad. Se encuentran ejecutadas las facultades ubicadas al oeste del Edificio Central: la facultad de Medicina y la de Ciencias de la Salud.

La facultad de Medicina, proyectada y construida por Cruz y Ortiz, ocupa tres piezas cuya parte docente consta de dos plantas conectadas mediante pasillos que configuran patios interiores alveolares para facilitar las circulaciones horizontales; la banda central distribuye los usos más simbólicos (salón de actos, cafetería y asociaciones), mientras que las laterales asumen las funciones docentes (aulas y laboratorios).

En su proa oeste, las tres torres alojan las zonas de investigación y departamentos, elevándose un total de doce plantas con una rítmica pauta de huecos verticales entre muros de hormigón autocompactante. Al pie de las torres, una plaza ajardinada acoge el acceso mediante una simbólica marquesina, garantizando una percepción unitaria del conjunto e informando de la permeabilidad global de la propuesta.

La composición de las tres torres de la facultad de Medicina verifica los valores contenidos en la propuesta vencedora del Concurso de ideas a partir de la conexión funcional de las edificaciones longitudinales y la singularidad formal de las torres que definirá la imagen de cada facultad, individualizándola en su entorno.

La facultad de Ciencias de la Salud ocupa la pieza ubicada más al norte y se desarrolla según proyecto de MedioMundo Arquitectos, integrado por los arquitectos Marta Pelegrín y Fernando Pérez, equipo que obtuvo el tercer premio en el Concurso Internacional de Ideas de 2006. La propuesta viene condicionada por la ordenación general de Cruz y Ortiz, que exige por su emplazamiento la atención a muy diversas escalas urbanas desde unas determinadas limitaciones volumétricas para la impartición de las titulaciones de Enfermería, Fisioterapia y Terapia Ocupacional en 15.700 m2 construidos. Presenta dos accesos enfrentados en cada extremo con un desnivel topográfico de cuatro metros que permiten canalizar los flujos del Campus y del entorno próximo a través de espacios de socialización.

El edificio responde a complejos requerimientos desde una experiencia diversa a partir de una pieza única; distorsiona su volumetría, facetando los planos de fachada en función de los diversos episodios urbanos y tensando los parámetros de partida para maximizar las zonas públicas y de relación en el interior del volumen capaz.

Se construye con un basamento de hormigón armado gris de textura vertical sobre el que se eleva el edificio, de hormigón armado blanco visto con textura ranurada inclinada. Ofrece una gran balconada longitudinal hacia la avenida de la Ilustración, un atrio interior plegado hacia el sur y el singular volumen del salón de grados hacia el Campus, marcando el acceso con el voladizo inclinado que define el graderío. El tramo longitudinal remata con una cubierta ajardinada con plantas autóctonas aromáticas y medicinales y con los volúmenes emergentes de patios y lucernarios como esculturas de hormigón que definen un privilegiado espacio lúdico del Campus elevado sobre la cota general de circulación.

En las plantas inferiores se sitúan tanto los usos con acceso público (administración, salas de fisioterapia e hidroterapia) como los de mayor flujo de estudiantes (aulas y salón de grados), vinculados por una sucesión de patios, terrazas, vestíbulos, lucernarios y dobles y triples alturas que enriquecen la percepción espacial como paisajes interiores para provocar distintos niveles de relaciones y de permeabilidad, densidad, continuidad y fragmentación. En las plantas superiores, ya dentro de la torre, se sitúan aulas de informática

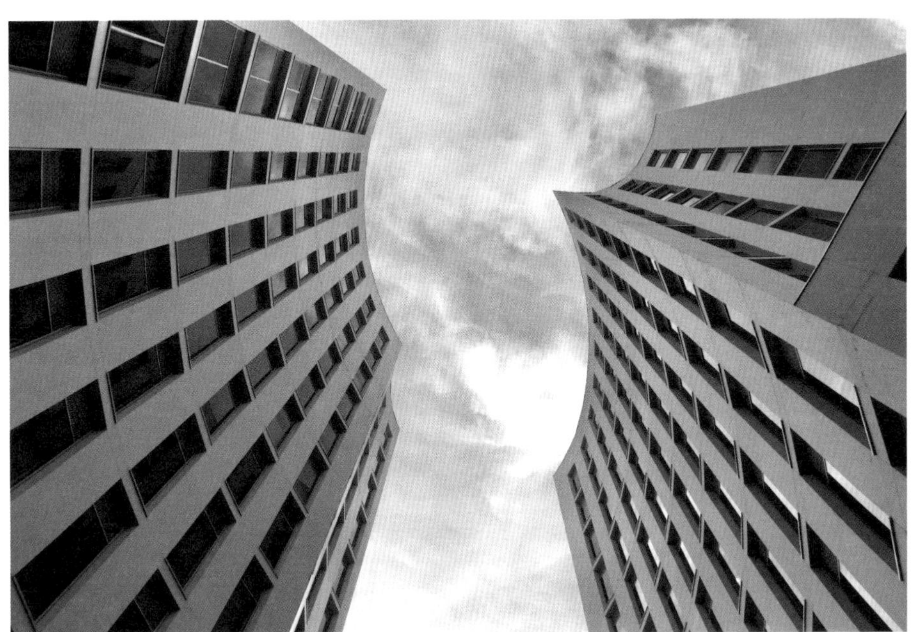

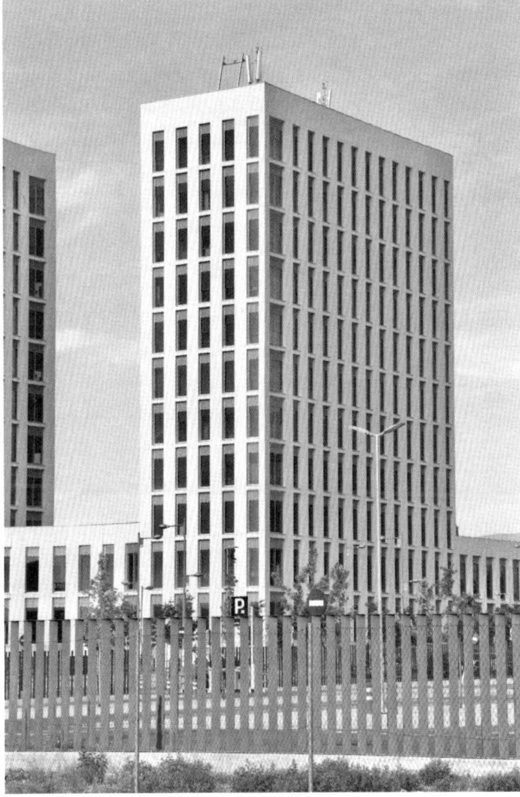

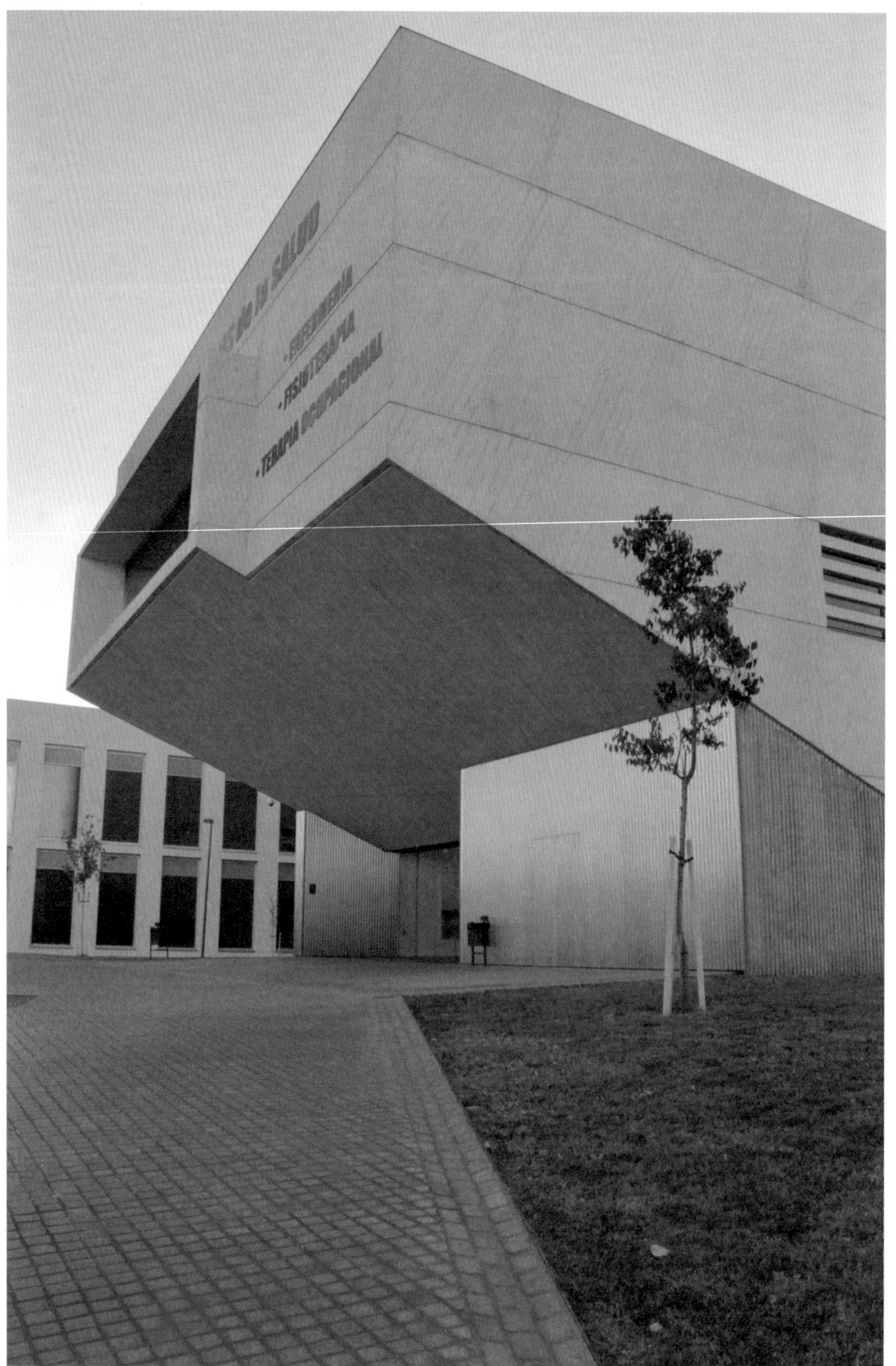
DE LA SALUD
· ENFERMERÍA
· FISIOTERAPIA
· TERAPIA OCUPACIONAL

y otras destinadas a titulaciones específicas. Las últimas cuatro plantas están destinadas a despachos de profesores y laboratorios de investigación, estructuradas en torno a un patio central iluminado cenitalmente.

Desde MedioMundo se propone como argumento conceptual de partida el recurso a una arquitectura inteligente y una lógica constructiva que integra en sus procesos a agentes y técnicas que potencian capacidades locales, persiguiendo el equilibrio entre industrialización y artesanía. La eficaz gestión de los recursos materiales e inmateriales ha permitido a la facultad de Ciencias de la Salud obtener en 2015 el XXIV Premio CEMEX a la sostenibilidad y en 2016 Premio al Diseño Interior de la Asociación de Diseñadores de Andalucía.

FICHA TÉCNICA DE LOS PROYECTOS

EDIFICIO DE SERVICIOS CENTRALES

Arquitectos: Cruz y Ortiz Arquitectos

Arquitectos colaboradores: Alejandro Álvarez, Blanca Sánchez, Esperanza Moreno, Javier Monge, Jerónimo Van Schendel, Óscar Mínguez, Ramiro Villegas

Fecha de proyecto: 2007

Fecha de construcción: 2009-2015

Superficie: 20.590 m²

Interiorismo: Cruz y Ortiz Arquitectos

Iluminación: JG Ingenieros

Paisajismo: Cruz y Ortiz Arquitectos

Maqueta: Queipo Maquetas

Fotografía: Cruz y Ortiz Arquitectos, Duccio Malagamba, Fotowork

Ingeniería de estructuras: Tedeco Ingenieros

Ingeniería de clima: JG Ingenieros

Acústica: Estudio Acústico H. Arau

Seguridad y Salud: Cemosa

Urbanización: Cruz y Ortiz Arquitectos

Dirección de Obra: Cruz y Ortiz Arquitectos

Control de Obra: Análisis de Edificación y Construcción

Constructoras: Dragados y Construcciones

FACULTAD DE MEDICINA

Arquitectos: Cruz y Ortiz Arquitectos

Arquitectos colaboradores: Blanca Sánchez, Miguel Velasco, Ramiro Villegas, Guillermo Torres, Oscar Minguez, David García

Fecha de proyecto: 2007

Fecha de construcción: 2010-2015

Superficie: 35.722 m2

Iluminación: JG Ingenieros

Paisajismo: Cruz y Ortiz Arquitectos

Infografía: Cruz y Ortiz Arquitectos

Maqueta: Queipo Maquetas

Fotografía: Javier Calleja, Manuel Renau, Fotowork (Maqueta)

Ingeniería de estructura: Tedeco Ingenieros

Ingeniería de clima: JG Ingenieros

Protección contra Incendios: Cruz y Ortiz Arquitectos

Seguridad y Salud: Cremosa, Ingeniería y Control

Dirección de obra: Cruz y Ortiz Arquitectos

Control de obra: Análisis de la edificación

Constructoras: UTE CORSÁN, ACSA, UCOP

FACULTAD DE CIENCIAS DE LA SALUD

Arquitectos: Mediomundo Arquitectos (Marta Pelegrín y Fernando Pérez)

Arquitectos técnicos: J. A. Lubian y, J.C. Castro

Fecha de concurso: 2006

Fecha de proyecto: 2007-2009

Fecha de construcción: 2010-2014

Superficie: 16,000 m2

Colaboradores: F. Orizia, M. López de Asiaín, P. Pérez, A. López, O. Navarro, A. Cuadrado, A. Babio, D. Asencio, JR Guerra, B. Soust, C. Cerrelli, A. Alanis

Instalaciones: Elite Ingeniería

Estructura: TEDECO Ingenieros SL

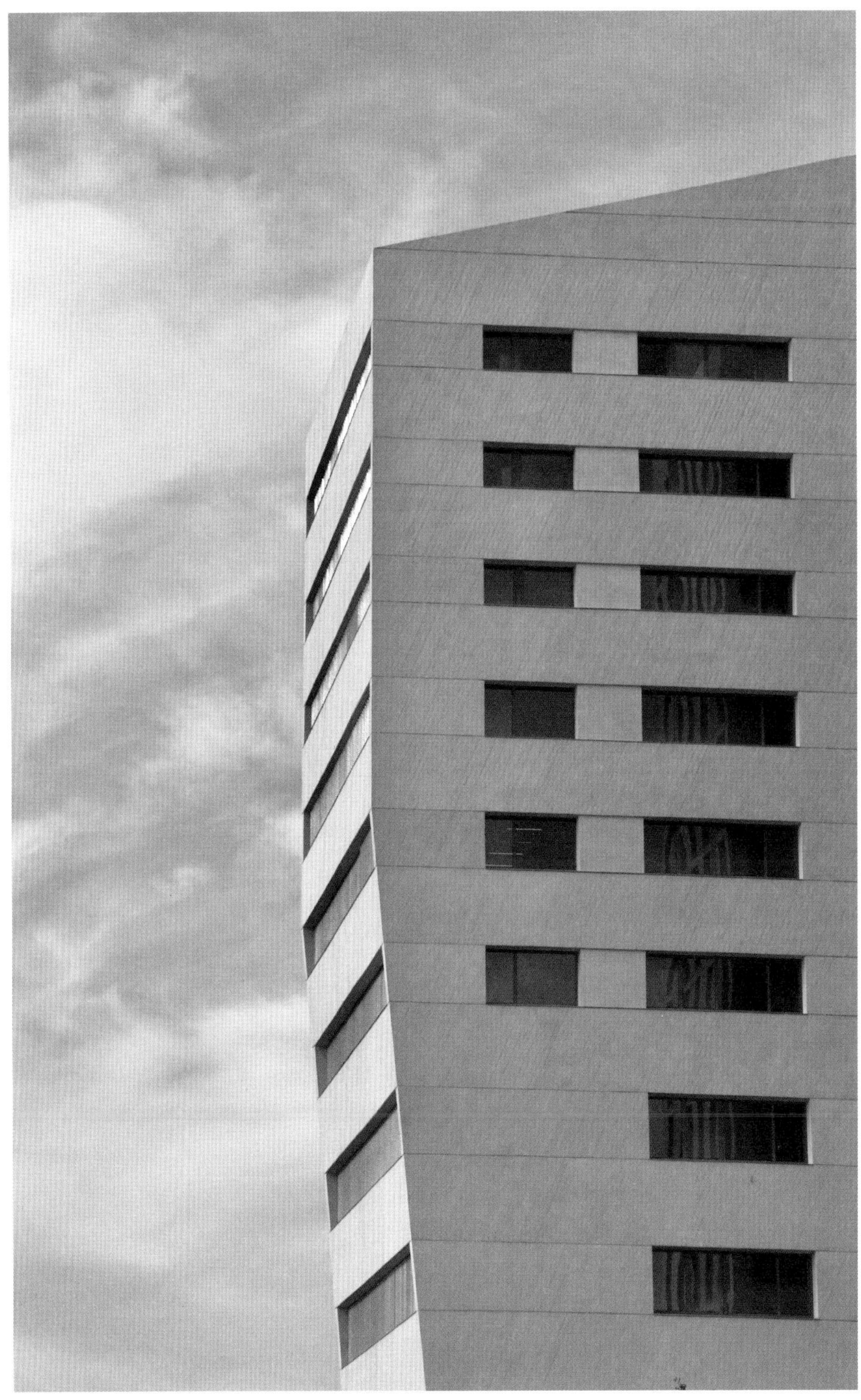

RECUPERACIÓN DEL PATRIMONIO

INTERVENCIÓN EN LA
CAPILLA NEOMUDÉJAR DEL COLEGIO MÁXIMO DE CARTUJA

Antonio García Bueno

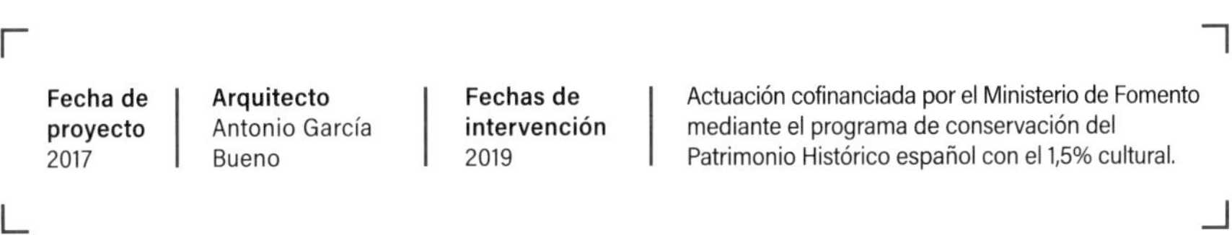

Fecha de proyecto 2017 | **Arquitecto** Antonio García Bueno | **Fechas de intervención** 2019 | Actuación cofinanciada por el Ministerio de Fomento mediante el programa de conservación del Patrimonio Histórico español con el 1,5% cultural.

Ante el deteriorado estado estructural y constructivo de algunas zonas de la cubierta del Colegio Máximo de Cartuja, el Vicerrectorado de Infraestructuras y Patrimonio de la Universidad de Granada toma la decisión de intervenir de manera urgente concretamente en la capilla neomudéjar y en el cruce de las dos naves o volúmenes que conforman los cuatro patios del edificio.

Al mismo tiempo, se procede a la intervención de las vidrieras que integran el espacio para devolverles su función de protección y cerramiento así como estética e ideológica.

El edificio está catalogado como Bien de Interés Cultural y catalogado por el Ministerio de Cultura, en el cual se ubican actualmente las facultades de Odontología y Biblioteconomía de la Universidad de Granada.

Es un edificio construido en 1894, rectangular ordenado en torno a cuatro patios, dos grandes en la parte anterior y dos más estrechos en la parte posterior, la edificación es exenta y tiene una altura de tres plantas y dos plantas según las zonas.

Constructivamente es un edificio de muros de carga con forjados autorresistentes y cubierta a dos aguas de teja cerámica sobre una estructura de cerchas de cuchillo de madera de par y tirante.

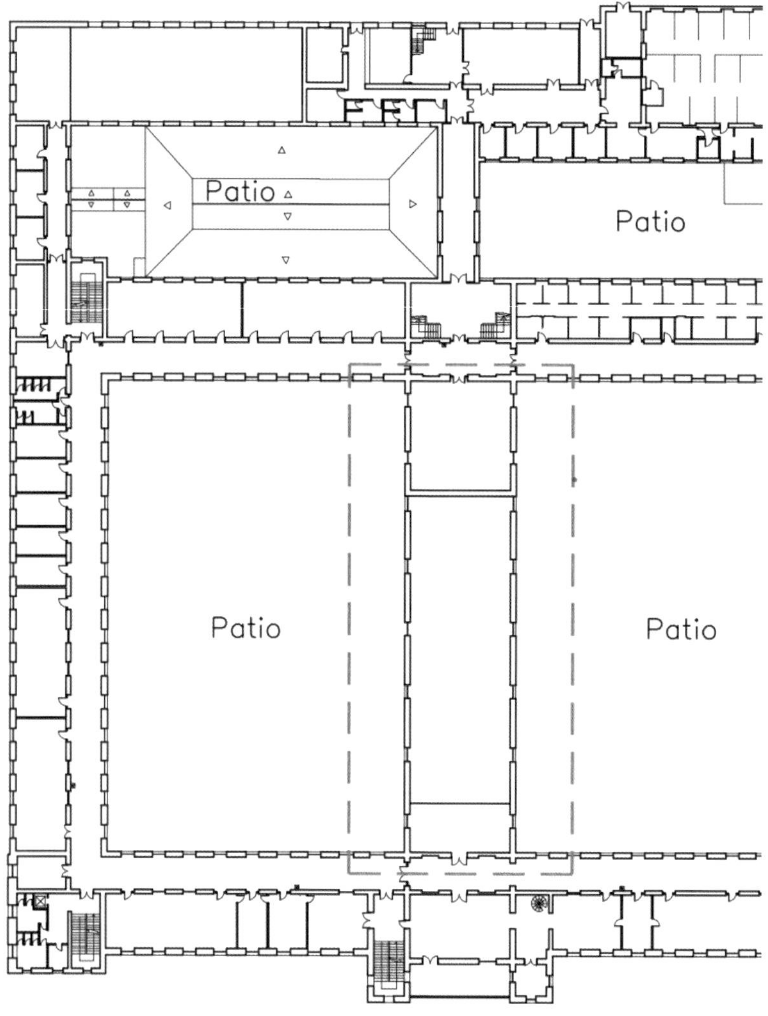

— — — ZONA DE ACTUACIÓN

Planta baja
Localización zona de actuación

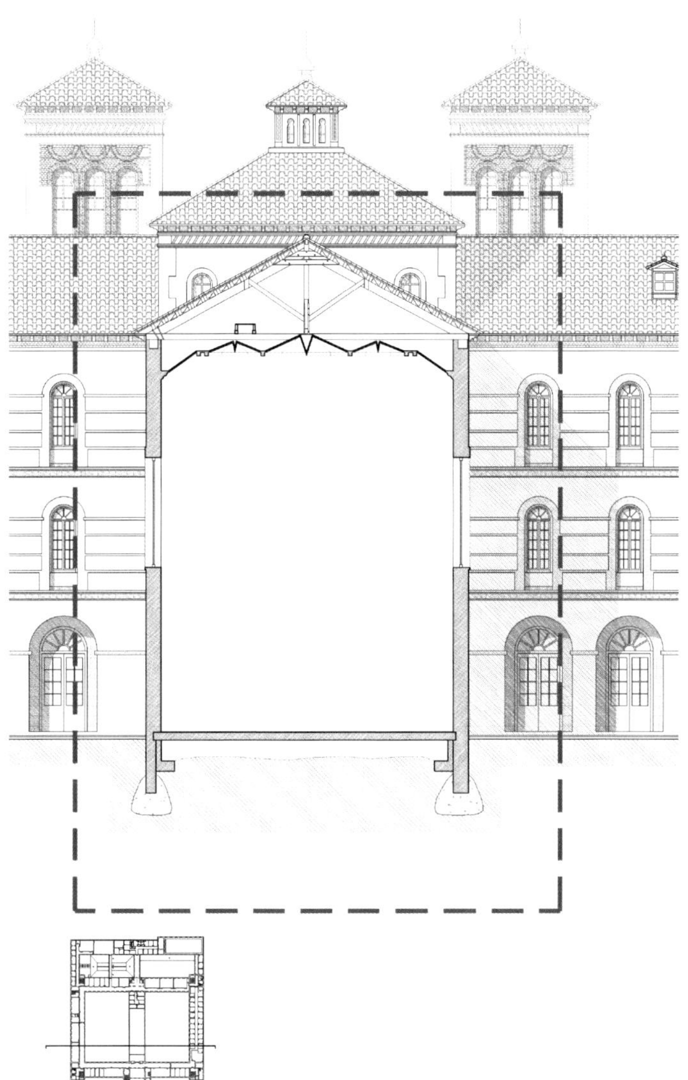

Sección transversal hacia coro

En cuanto al alero, está formado por varias hiladas de ladrillo visto como terminación del muro de carga, dispuesto en tres filas dobles de pico de gorrión. El encuentro con el tejado se produce a través de un voladizo de canecillos de madera que se ha realizado sobre el pico de gorrión.

Los aspectos básicos que se tienen en cuenta a la hora de reforzar la estructura, la cual en algunos puntos está totalmente quebrada, han sido los indicados por las instrucciones que marca la Ley que rige los Bienes de Interés Cultural como es la reconstrucción con el mismo sistema estructural existente pero eliminando las malas intervenciones que se habían realizado.

La cubierta se termina con teja curva árabe reutilizando las existentes. En algunos casos se han sustituido algunas por otras de similares características y se han dispuesto en las canales.

INTERVENCIÓN EN LAS VIDRIERAS

Una vez instalados los medios de acceso, se procede a la extracción de las vidrieras para su traslado al taller y posterior intervención. La extracción se ejecuta por el lado exterior, el mismo por el que fueron colocadas.

Una vez trasladadas las vidrieras al taller, se ejecuta su conservación-restauración, en primer lugar se procede a la documentación gráfica inicial. Se procede a la eliminación de forma mecánico-manual de los nudos de alambre que sostienen el panel a las varillas de sujeción.

Los paneles que presentan una deformación o abombamiento de la superficie son intervenidos con una presión de forma gradual y en el caso de que la laguna en el vidrio afecto a una zona de dibujo en grisalla, se plantea su reintegración. El criterio para la reintegración se basará en la recuperación de las líneas de dibujo, evitando una distorsión en la lectura.

En cuanto a su protección, se instala un vidrio laminar de seguridad con la misma composición (3+3), pero colocado sobre una nueva armadura metálica recibida sobre el muro y separada de los cercos de madera que soportan los paneles de vidriera.

REVESTIMIENTOS EN PARAMENTOS Y ARTESONADO

En cuanto a los paramentos de la capilla, están cubiertos con yeserías policromadas y mortero,intercalado con cerámica vidriada bajo las ventanas. El zócalo está cubierto igualmente con cerámica vidriada.

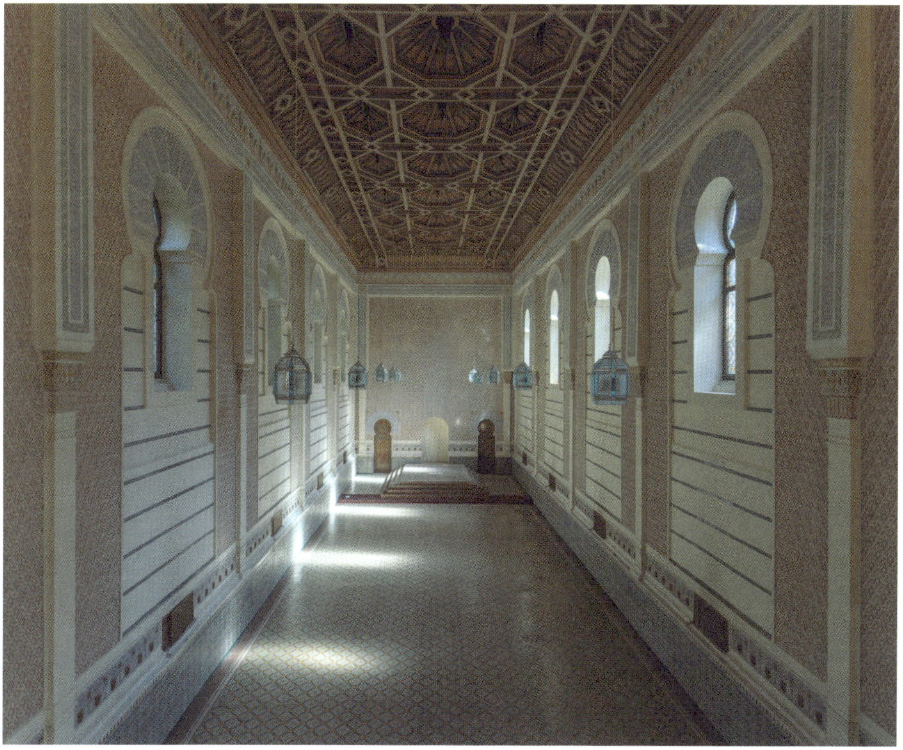

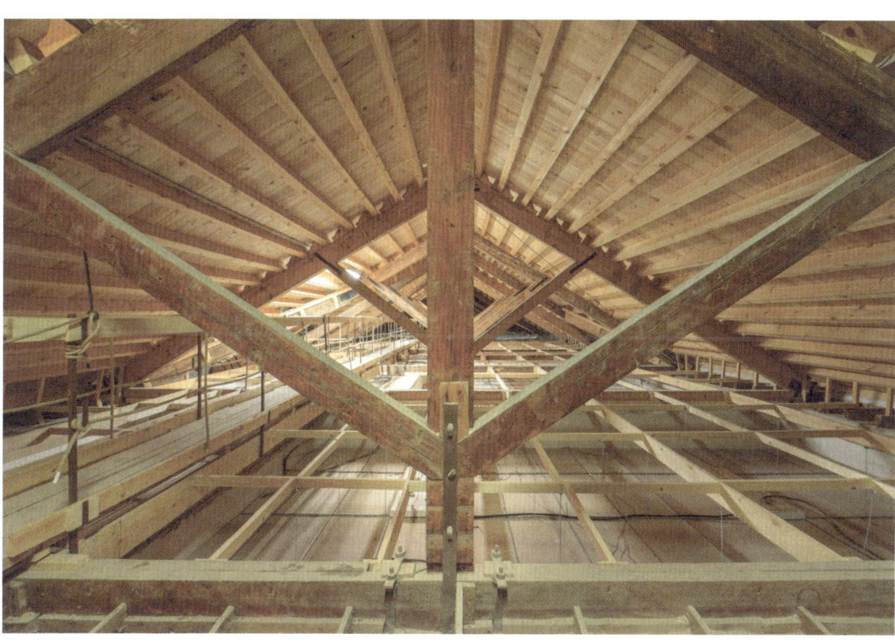

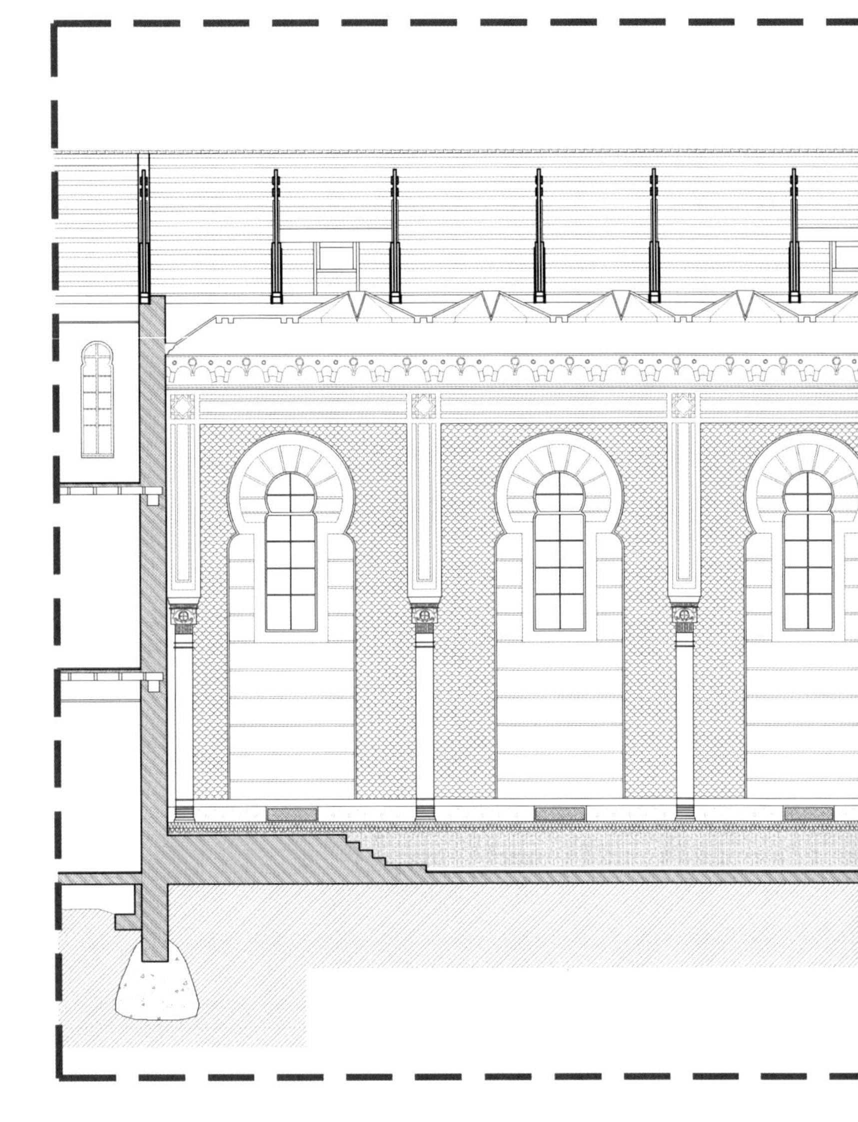

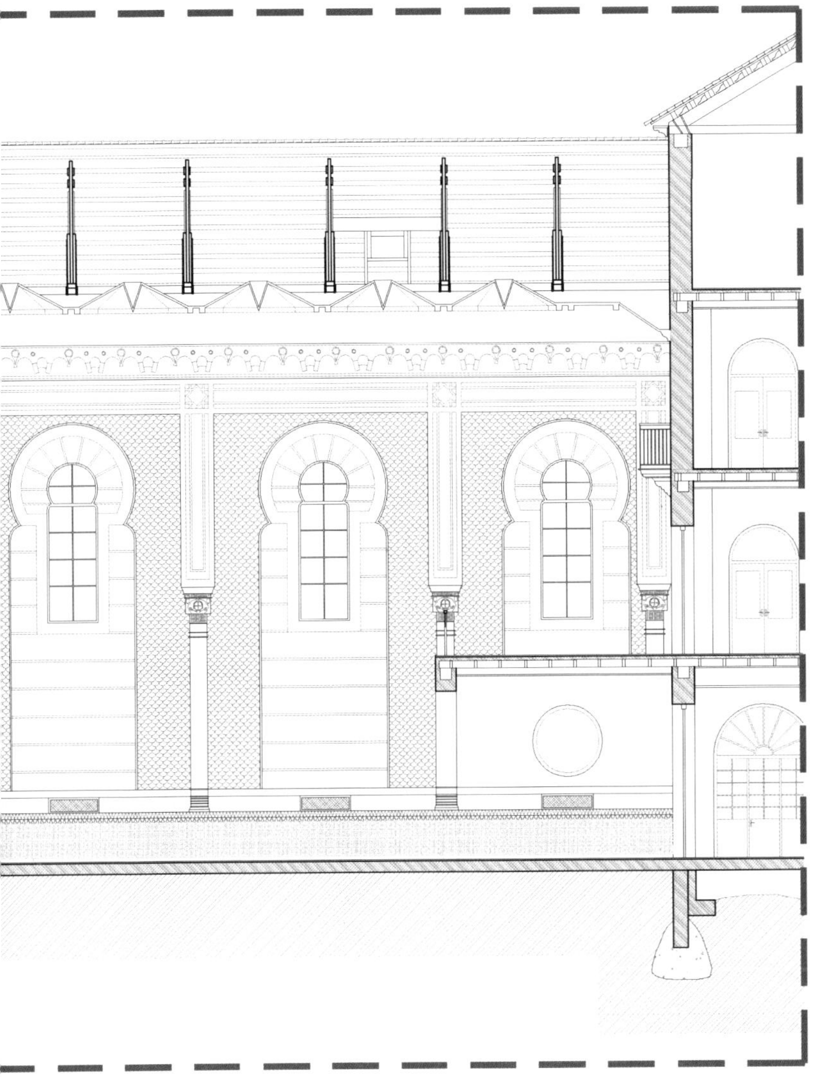

Sección longitudinal

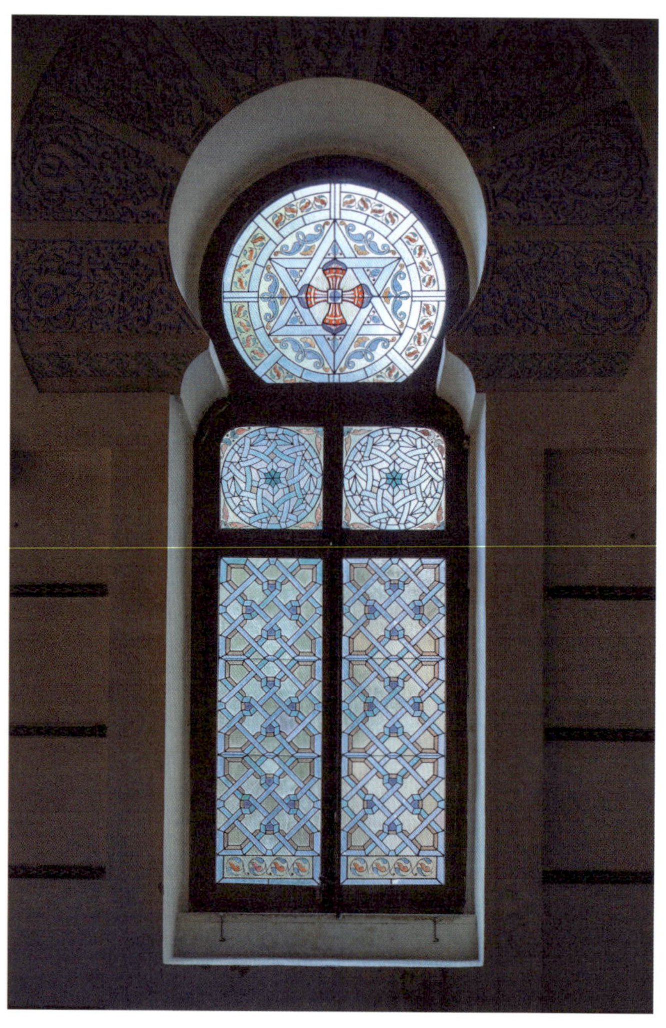

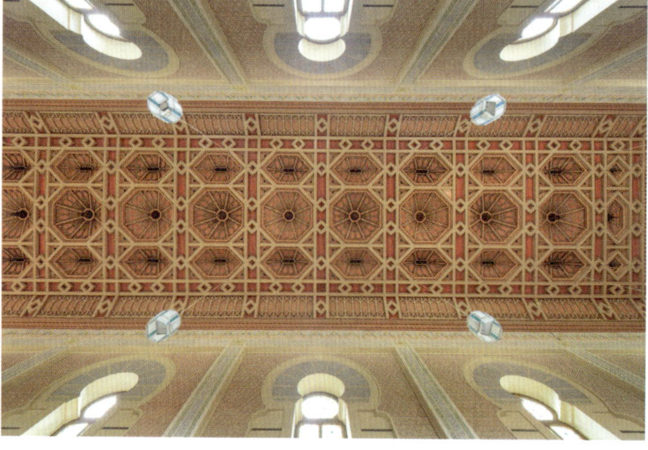

Todos estos materiales se encuentran en un aceptable estado de conservación

Se realiza una limpieza superficial para eliminar el polvo adherido a la superficie, mediante brochas de cerda blanda y con la ayuda de un aspirador para recoger la suciedad.

En cuanto al artesonado, el estado de conservación del intradós es bueno, se aprecia únicamente polvo adherido a superficie. La limpieza se realiza en el intradós ya que su policromía puede soportar este tratamiento.

Para desmontar los casetones y proceder a la intrusión del andamio, en primer lugar se señalan las distintas piezas, dejando constancia en un plano de planta.

Tras terminar la intervención en cubiertas, se procede a ubicar los casetones desmontados en su lugar de origen.

FICHA TÉCNICA DEL PROYECTO

INTERVENCIÓN EN LA CAPILLA NEOMUDÉJAR DEL COLEGIO MÁXIMO DE CARTUJA

Arquitecto: Antonio García Bueno
Director de ejecución de obra: Francisco José Ibáñez Moreno
Coordinador de seguridad: David López Corrales
Empresa contratista: Dávila Restauración De Monumentos S.L.
Fecha de inicio de obra: enero 2019
Fecha finalización de obra: septiembre 2019
Superficie de actuación: 861,10m2
Empresa restauradora de vidrieras: Cristalería Puente Verde S.L.
Obra co-financiada por el Ministerio de Fomento mediante el Programa de Conservación del Patrimonio Histórico Español con el 1,5% Cultural

RECUPERACIÓN ARQUEOLÓGICA
DEL ALBERCÓN DEL MORO, TEMPLETE Y ENTORNO

Amanda Vicente Murcia y Guillermo García-Contreras Ruiz

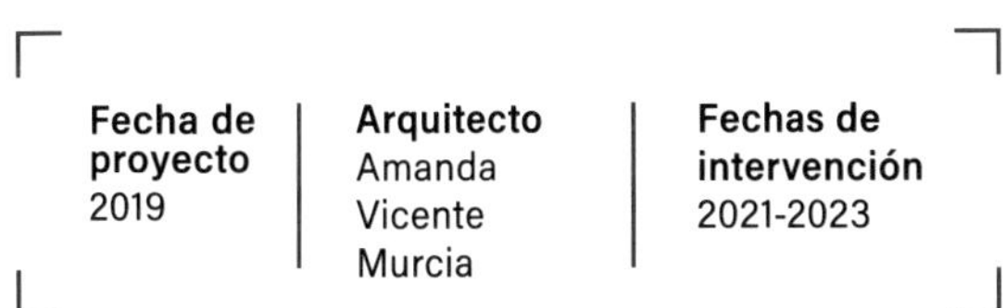

Fecha de proyecto
2019

Arquitecto
Amanda Vicente Murcia

Fechas de intervención
2021-2023

El proyecto y obra de Recuperación arqueológica del Albercón del Moro, Templete y entorno, redactado entre 2018 -2020, con un modificado aprobado por la Delegación Provincial de Cultura en 2023, recoge las actuaciones llevadas a cabo de una primera fase de rehabilitación y adecuación del entorno más próximo al Albercón de Cartuja.

La intervención se iniciaba con la retirada del forjado de hormigón que cubría el histórico Albercón y que había sido construido por Emasagra en los años ochenta para utilizar este espacio como depósito de agua potable. La retirada de esta cubierta fue seguida por las primeras actuaciones de conservación y recuperación de todos los muros del interior del Albercón así como también de las construcciones que lo rodean. Junto con la recuperación arquitectónica, se fueron realizando excavaciones arqueológicas tanto en el interior del vaso del estanque como en los alrededores. Todo ello junto con el estudio de la documentación escrita, la cartografía histórica o fotografías antiguas ha permitido conocer la evolución histórica de este singular espacio periurbano de Granada, con unas fases de ocupación que comienzan en época romana pero que tiene, primero en época nazarí y luego a finales del siglo XIX de mano de la Compañía de Jesús, los dos periodos de mayor impacto y transformación.

Desde el año 2014, se vienen realizando excavaciones en el entorno del Albercón como parte del "practicum" del Máster de Arqueología de la Universidad de Granada. Fue esta actividad docente, inicialmente dirigida por el profesor Antonio Malpica y desde 2017 por el profesor Guillermo García-

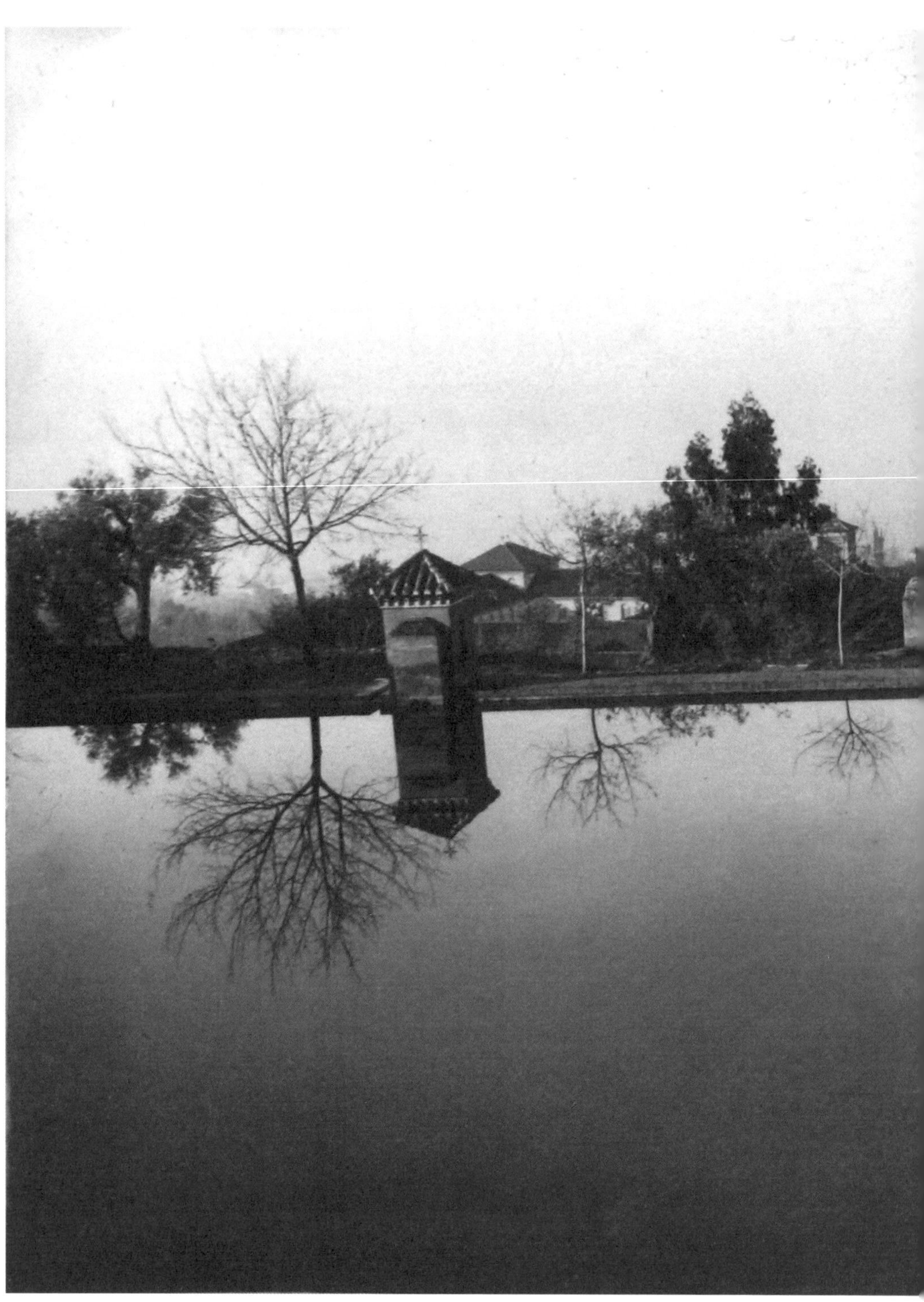

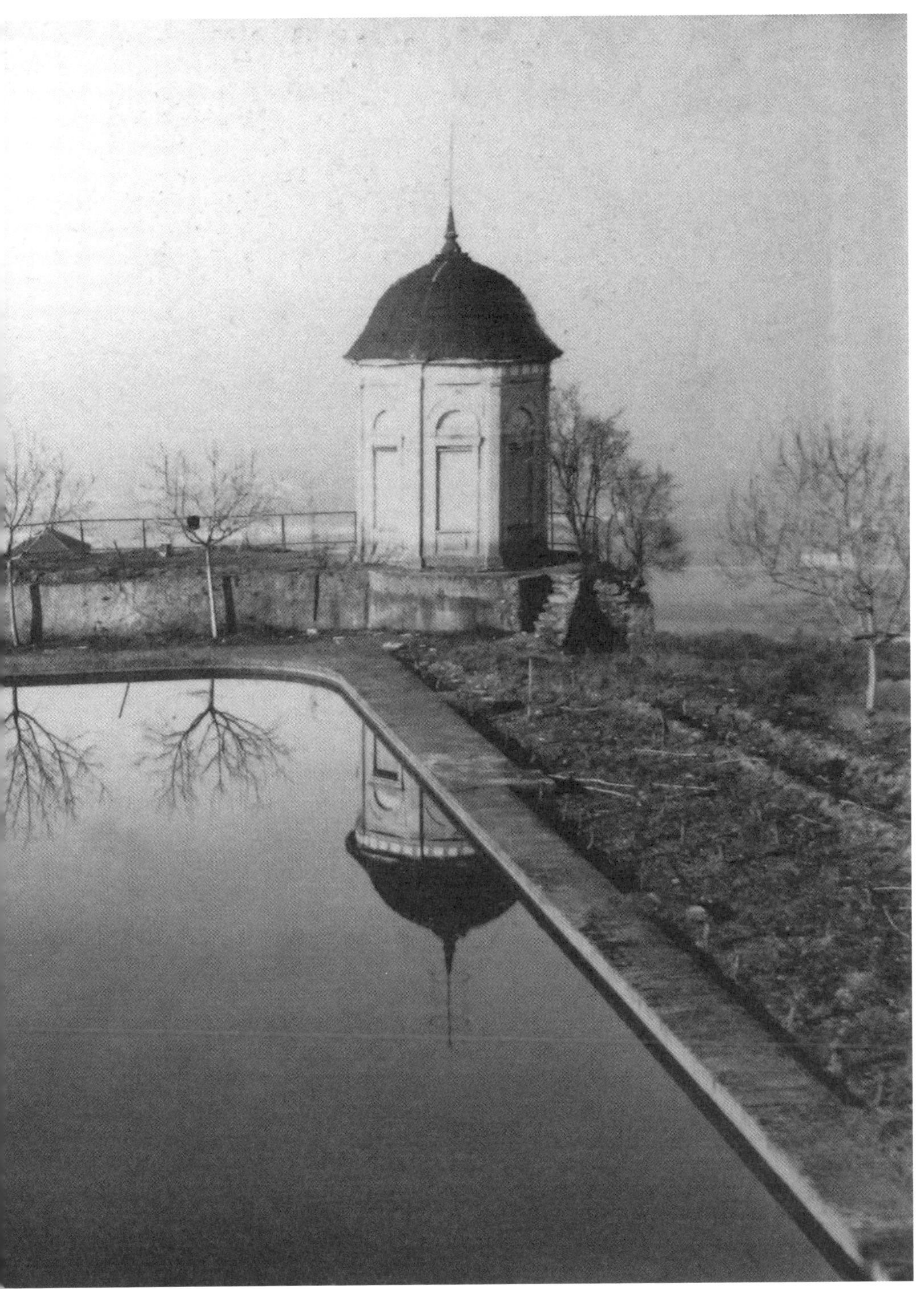

Contreras del Departamento de Historia Medieval y Ciencias y Técnicas Historiográficas, la primera en alertar sobre la monumentalidad y riqueza del patrimonio arqueológico que había enterrado en lo alto del Campus de la Cartuja. Tras años de varias campañas de pequeña entidad, llevadas a cabo únicamente con alumnos, se fueron fraguando los acuerdos entre la Universidad de Granada y el Patronato de la Alhambra para que todo este espacio revirtiese a la comunidad universitaria y al resto de la ciudadanía, convirtiéndolo en una zona de esparcimiento y ocio para toda Granada que mantuviese zonas de reserva arqueológica para continuar las excavaciones e investigaciones.

El proyecto de recuperación del Albercón del Moro y su entorno, dirigido por la arquitecta Amanda Vicente Murcia, lo está ejecutando la empresa "Patrimonio Inteligente", especializada en intervenciones en monumentos históricos y yacimientos arqueológicos. Se trata por lo tanto de un proyecto en el que participa la Universidad, el Patronato de la Alhambra y la Junta de Andalucía a través de su delegación de cultura en la ciudad. Es una intervención que aúna el interés patrimonial, monumental, paisajístico y medioambiental, ya que no sólo se detendrá en estas actuaciones sino que están previstas otras intervenciones en el icónico templete que corona una de las esquinas del Albercón a parte de la recuperada Acequia de Aynadamar, cuyas aguas nutrirán de nuevo al histórico estanque y servirán de sustento a la recuperación del regadío en todo el campus de Cartuja.

Gracias a esta intervención y a otros proyectos de investigación complementarios que se han ido nutriendo de los restos arqueológicos y arquitectónicos que se han ido recuperando, de momento se conoce que la fase histórica más antigua reconocida son unas canteras de extracción de arcillas, que quedan bajo el suelo del Albercón. Esta materia prima hay que ponerla en relación con el Alfar Romano de Cartuja, que queda unos metros más abajo dentro del propio campus y en cuya investigación y recuperación lleva apostando la Universidad de Granada desde hace años bajo la dirección de la profesora de arqueología clásica Elena Sánchez López. Sobre esta cantera, probablemente aprovechando que el espacio había sido acondicionado y la enorme pendiente del cerro se había allanado, se edificó un complejo arquitectónico en época medieval, de enorme entidad a juzgar por los potentes muros de tapial y la existencia de al menos dos torres (aunque las fuentes hablan de cuatro), junto con cerámicas y objetos metálicos que nos remiten a las capas más altas de la sociedad andalusí. Esta construcción, acaso un palacio o *almunia* de las varias que rodeaban Granada quizás desde unos siglos antes pero con seguridad a partir de época nazarí, tenía como elemento más destacado el enorme Albercón. De este depósito de agua nos había llegado una imagen algo distorsionada por las reformas posteriores, pues uno de los principales descubrimientos en la investigación que se está llevando a cabo es que fue, sin duda, mucho más grande de lo que hasta ahora se pensaba al menos en sus dimensiones exteriores, quizás algo menos

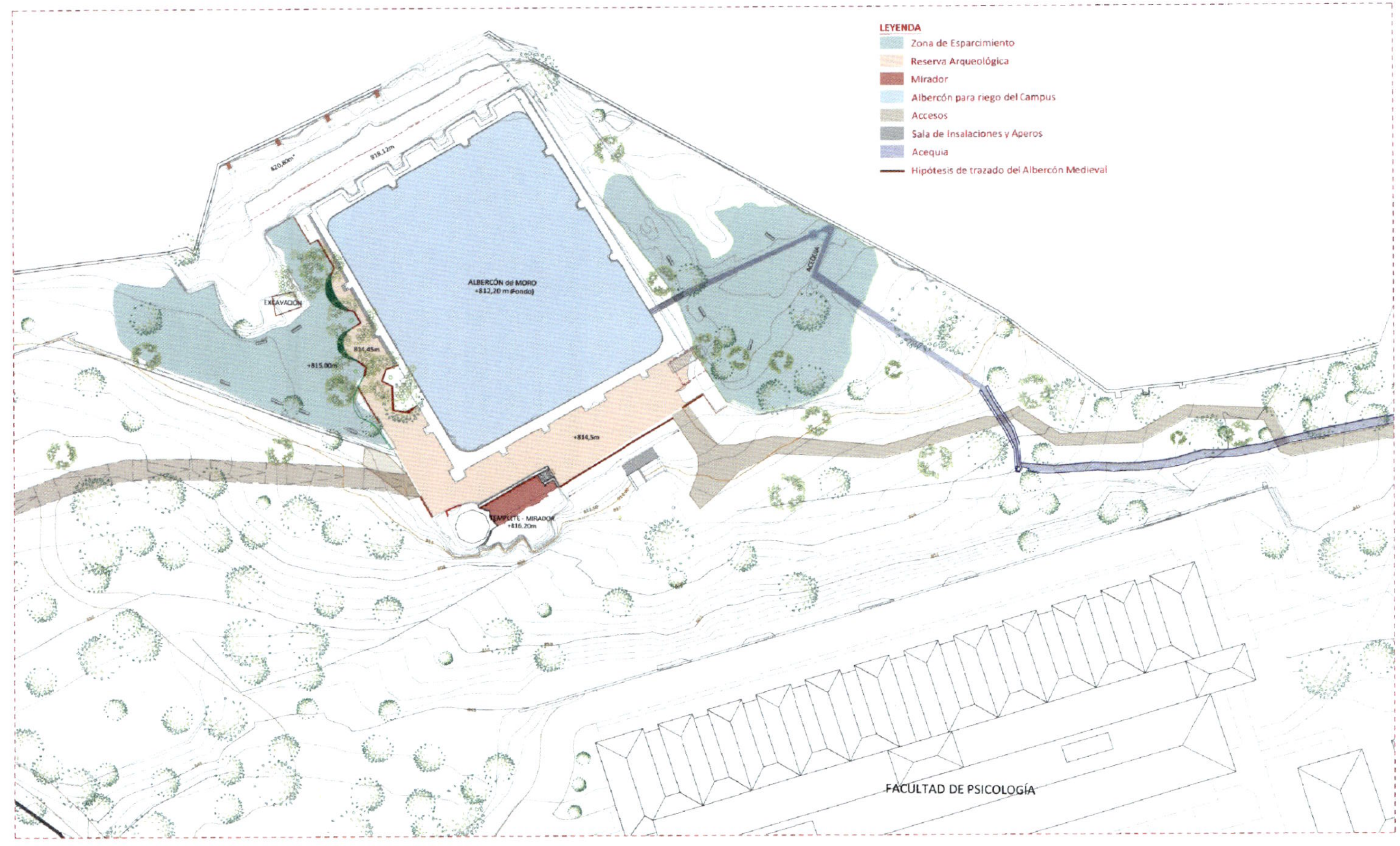

LEYENDA
Zona de Esparcimiento
Reserva Arqueológica
Mirador
Albercón para riego del Campus
Accesos
Sala de Insalaciones y Aperos
Acequia
Hipótesis de trazado del Albercón Medieval
ALBERCÓN del MORO
+812,20 m (Fondo)
EXCAVACIÓN
+815.00m
814,45m
820,80m
818,12m
+814,5m
ACEQUIA
TEMPLETE - MIRADOR
+816,20m
FACULTAD DE PSICOLOGÍA

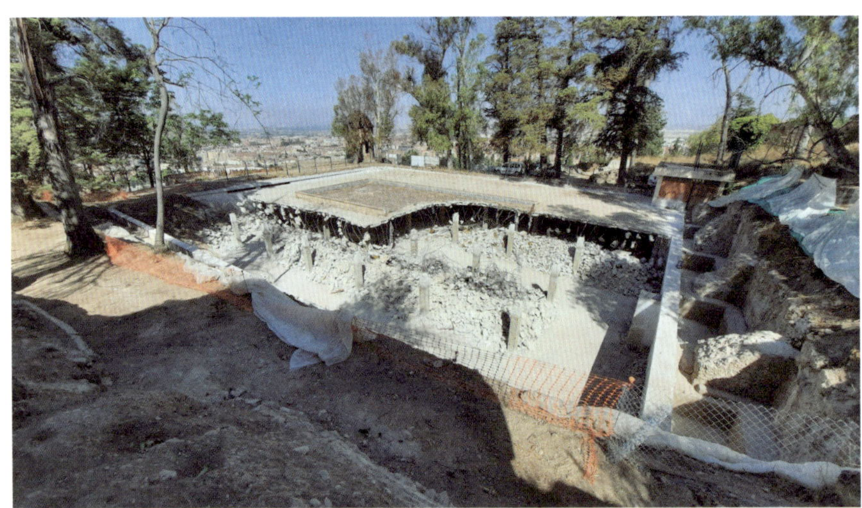

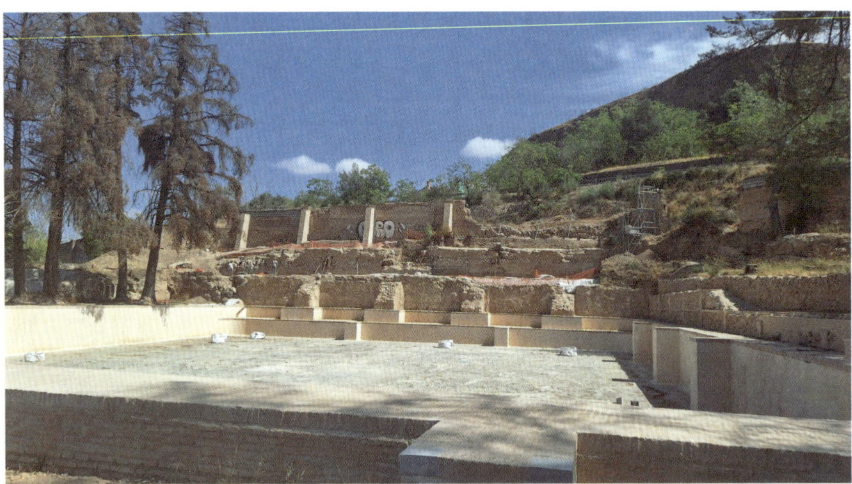

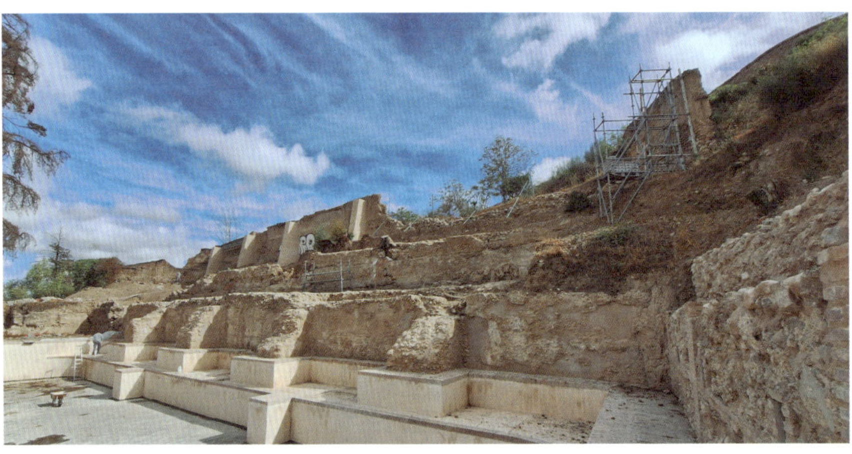

en su profundidad. El hallazgo de un quinto contrafuerte, que se añade a los cuatro que ya eran visibles, extiende al menos cinco metros más por los lados Noroeste y Suroeste los límites de la alberca medieval en cuyo interior llegaron a practicarse simulacros recreativos de batallas navales, según nos dicen algunos relatos antiguos. Esto da un nuevo sentido también a las investigaciones que se habían hecho con anterioridad y en las que se llegó a reconocer a unos dos metros de profundidad un suelo que ahora se plantea como el nivel de uso en época nazarí y que fue posteriormente reformado. Primero los Cartujos, durante los siglos XVI al XIX, para quienes el depósito de agua quedó inutilizado por su apuesta por otro tipo de agricultura en la que primó el secano, por lo que decidieron cubrirlo de tierra y hacer plantaciones en su interior y finalmente por la conversión en un jardín de estilo romántico por la Orden de Jesús tras su adquisición a finales del siglo XIX.

Se ha apostado por recuperar todo este espacio en la imagen más antigua posible, siguiendo las premisas de la LPHE, de respeto y reconocimiento de cada de las fases históricas que se están reconociendo de tal manera que una vez descubierto el Albercón jesuita en su totalidad, se ha reconstruido el perímetro de ladrillo destruido por la estructura de cubrición del depósito, elementos singulares como el surtidor de agua y la canalización desde el partidor que trae el agua desde la Acequia de Aynadamar y un aliviadero en el eje del Albercón donde había una pequeña construcción jesuita.

Tras la ejecución de varios sondeos arqueológicos en la zona del Cercado Alto, aparecieron una serie de estructuras medievales conformando dos paratas de tapial, perfectamente identificables en todo el lateral Noreste, por encima de los contrafuertes. Este hallazgo llevó a la propuesta de la completa retirada de tierras de ambas paratas y por consiguiente, del refuerzo necesario de la tapia de Cercado Alto, en el proyecto modificado aprobado en abril de 2023. En la última fase de obra, con la retirada de tierras apareció el surtidor medieval original con una suerte de canalización en el eje central del Albercón medieval y la coronación de los muros de tapial que contenían la ladera. Se ha llevado a cabo una consolidación preventiva y en el caso de los elementos encontrados de mayor singularidad, como las posibles entradas de agua originales desde la acequia de Aynadamar al interior del Albercón, se han protegido a la espera de una siguiente fase en la que se lleve a cabo la puesta en valor. La tapia de Cercado Alto, que data de época Cartuja, se ha reforzado mediante contrafuertes de ladrillo visto utilizando la misma técnica que los existentes en otras zonas del Cercado.

En todo caso, se entiende que esta obra llevada a cabo, sólo ha cubierto una primera fase de reconocimiento y acercamiento al importantísimo patrimonio arquitectónico, arqueológico y paisajístico que comprende el entorno del Albercón del Moro, por lo que es imprescindible la continuidad de las siguientes fases para su puesta en valor.

FICHA TÉCNICA DEL PROYECTO

RECUPERACIÓN ARQUEOLÓGICA DEL ALBERCÓN DEL MORO, TEMPLETE Y ENTORNO

92

Arquitecta proyectista y directora de obra: Amanda Vicente Murcia

Doctor arqueólogo historia medieval: Guillermo García-Contreras Ruíz

Arquitecto técnico director de la ejecución material de la obra: Francisco Campos Fernández

Empresa constructora encargada de la ejecución de la obra: Patrimonio Inteligente S.L.

Arquitecto asesor: Miguel Azcona Domínguez, Bureau Veritas S.L.

Asesoramiento botánica: Manuel Casares Porcel, Catedrático de Botánica. Departamento de Jardines de la Universidad de Granada

Colaboración paisajismo: José Tito Rojo. Doctor en Ciencias Biológicas. Profesor e investigador de la UGR, paisajista especializado en jardines históricos.

Ingeniería: Luis Carmona Molina, Ingeniero Técnico Industrial de Emasagra

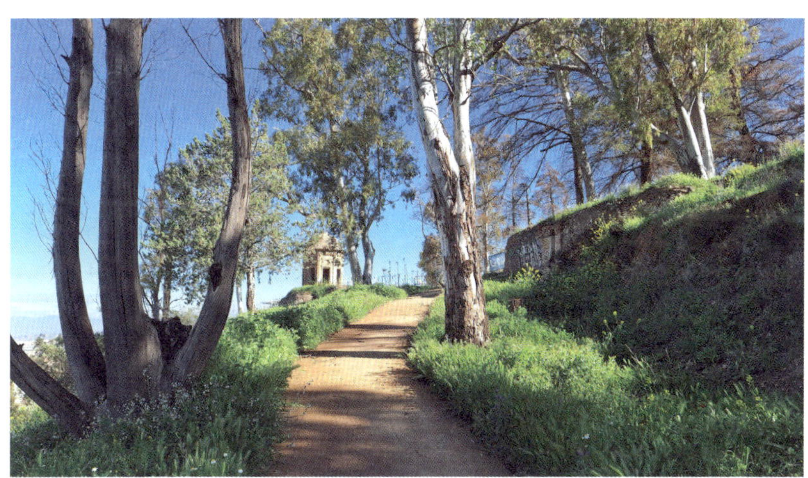

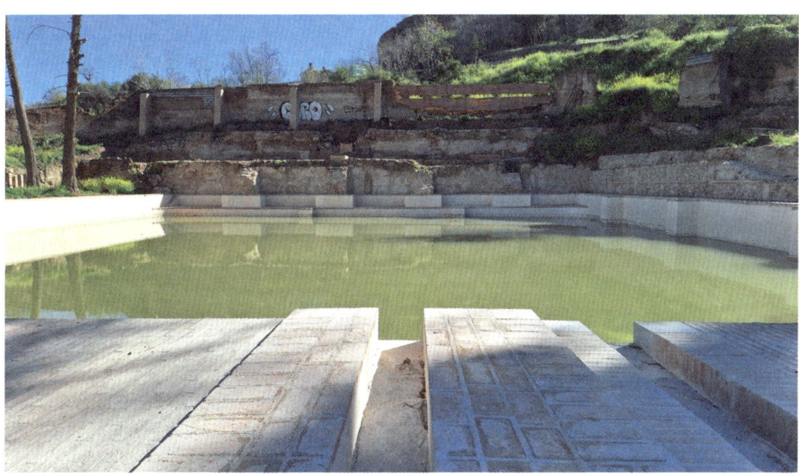

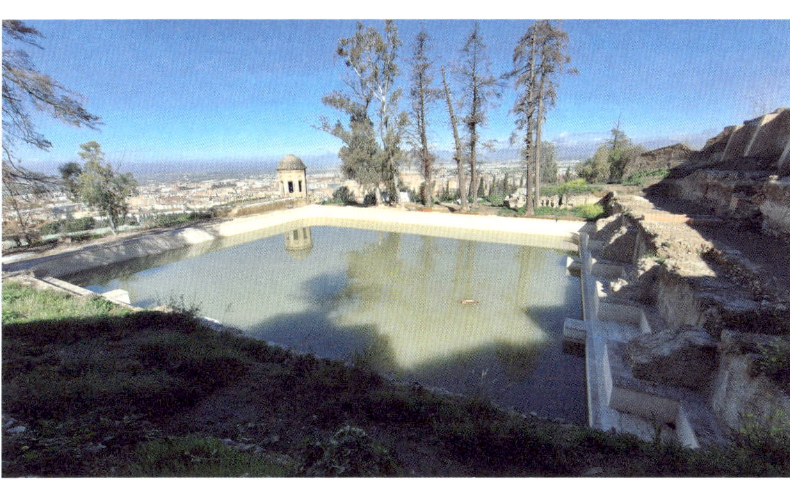

RESTAURACIÓN DE
LA CORRALA DE SANTIAGO

Loreto Corisco González

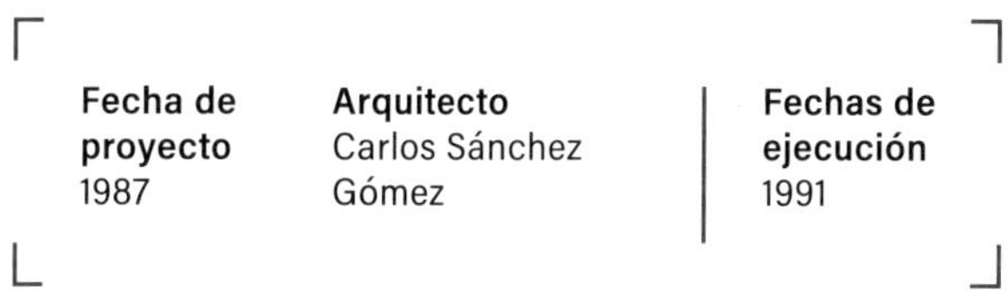

El edificio original sobre el que se asienta la Corrala de Santiago data del siglo XVI y perteneció al convento de las Comendadoras de Santiago. No fue hasta el siglo XIX cuando una intervención lo adaptó a viviendas configuradas en torno a un patio común. Esta casa de vecindad constituía una comunidad de vecinos y su carácter social se ha prolongado hasta el día de hoy puesto que alterna el uso residencial con programas culturales de diversa índole desde que fue cedido a la Universidad de Granada por la Junta de Andalucía en 1991.

La Corrala de Santiago se articula alrededor de un gran patio central con galerías abiertas desde las que se accede a las estancias como es usual en la tipología. Las galerías son sustentadas por pilares de base cuadrada tallados en piedra caliza y zapatas de madera. La galería del primer nivel está sostenida por grandes pilastras de ladrillo con capitel cúbico y sobre éste zapatas de madera bajo carreras de vigas. En el resto de las plantas, la galería se apoya en pies derechos y zapatas de madera. En ocasiones los elementos de madera, como las techumbres de las galerías, están tallados según la tradición mudéjar de la ciudad. La fachada es jerarquizada y simétrica con huecos abalconados en los dos primeros niveles y ventanas en el tercero que se combinan con pequeños vanos cuadrados o circulares vinculados con el cuerpo de escaleras. Se remata con un alero de canes de madera y cubierta de teja curva. El acceso centralizado está flanqueado por jambas y un umbral de piedra de Sierra Elvira, dintel de madera y puerta

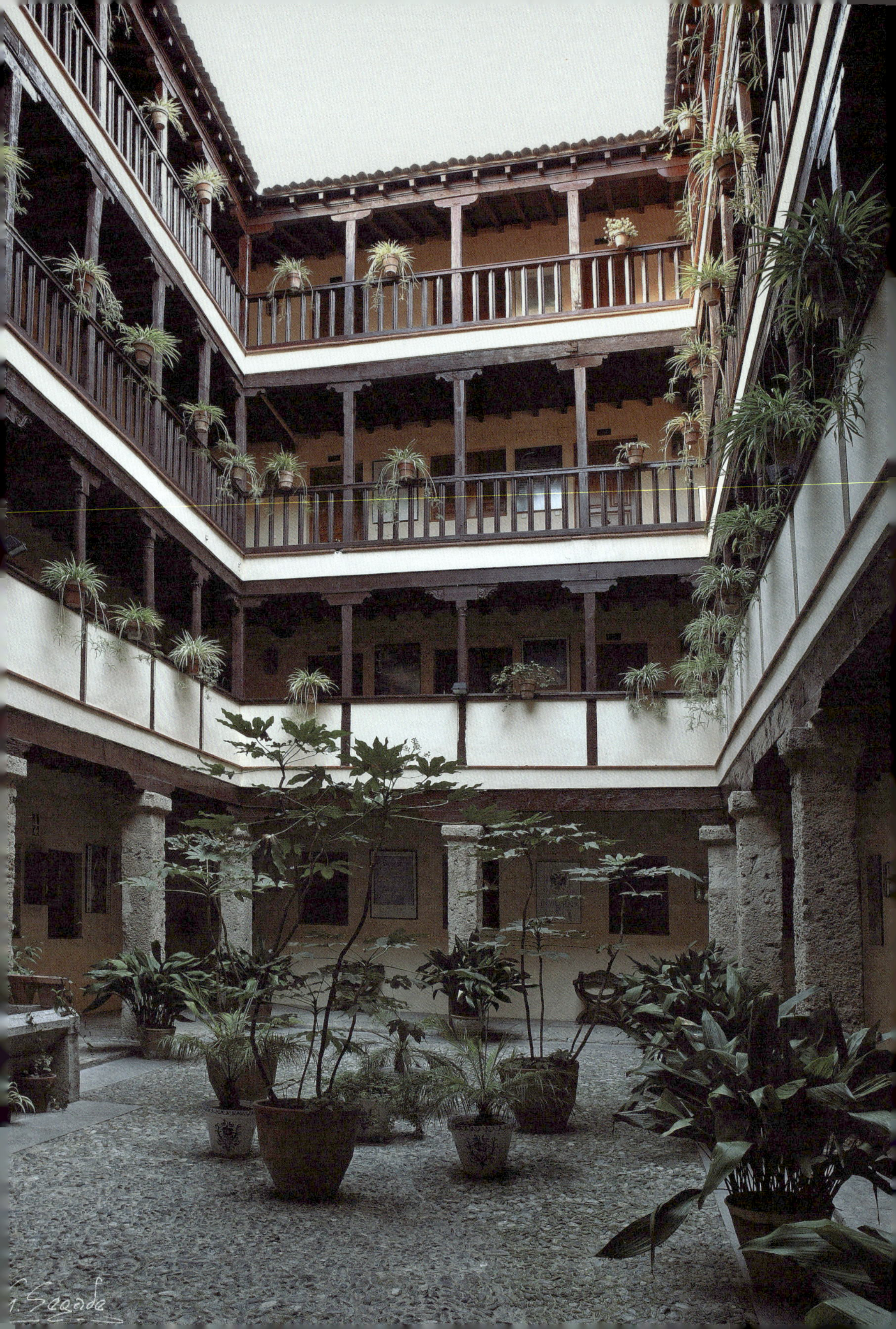

1. Sagada

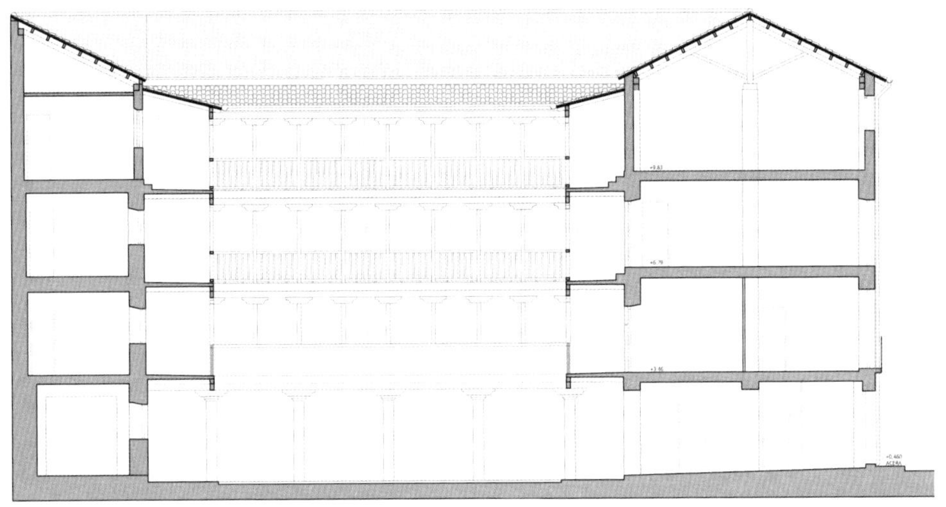

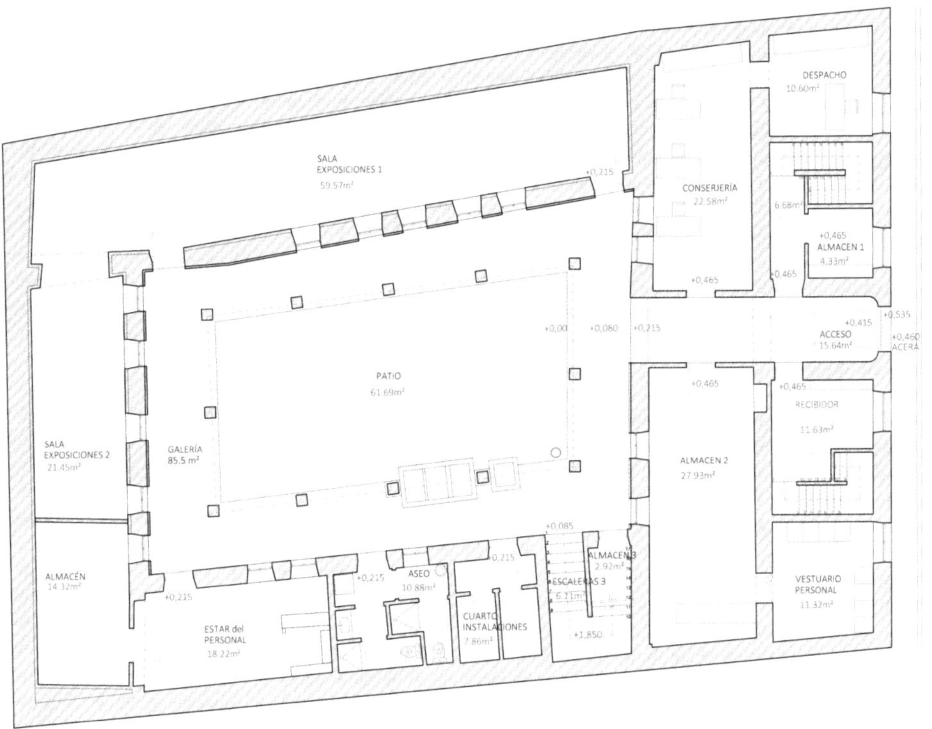

Planta baja y sección transversal

de doble hoja de madera. Tras un zaguán alargado se abre el gran patio cuadrangular con pavimento de empedrado.

El proyecto de restauración integral llevado a cabo adecúa el edificio de residencia colectiva para servir como residencia temporal de profesorado y alumnado junto con espacios de uso cultural y administrativo. Se habilita una galería de exposiciones y dependencias administrativas en planta baja y, en el resto de las plantas, 21 apartamentos-estudio. Se anulan los portales que daban acceso a las viviendas existentes en la fachada, dándoles un nuevo acceso con el fin de dejar con una sola entrada al edificio. En la planta baja y a continuación del nuevo acceso, se sitúan las zonas de dirección y administración. Las plantas primera y segunda tienen una misma distribución con viviendas y espacio de uso común. En la planta tercera, además de siete apartamentos, se sitúa una sala de conferencias diáfana con la estructura de cubierta vista.

FICHA TÉCNICA DEL PROYECTO

RESTAURACIÓN DE LA CORRALA DE SANTIAGO

Arquitecto: Carlos Sánchez Gómez
Dirección de obra: Carlos Sánchez Gómez
Arquitecto técnico: Juan de Dios Moreno Romera
Fecha de proyecto: 1987
Fecha de ejecución: 1991
Empresa: Constructora asturiana SA

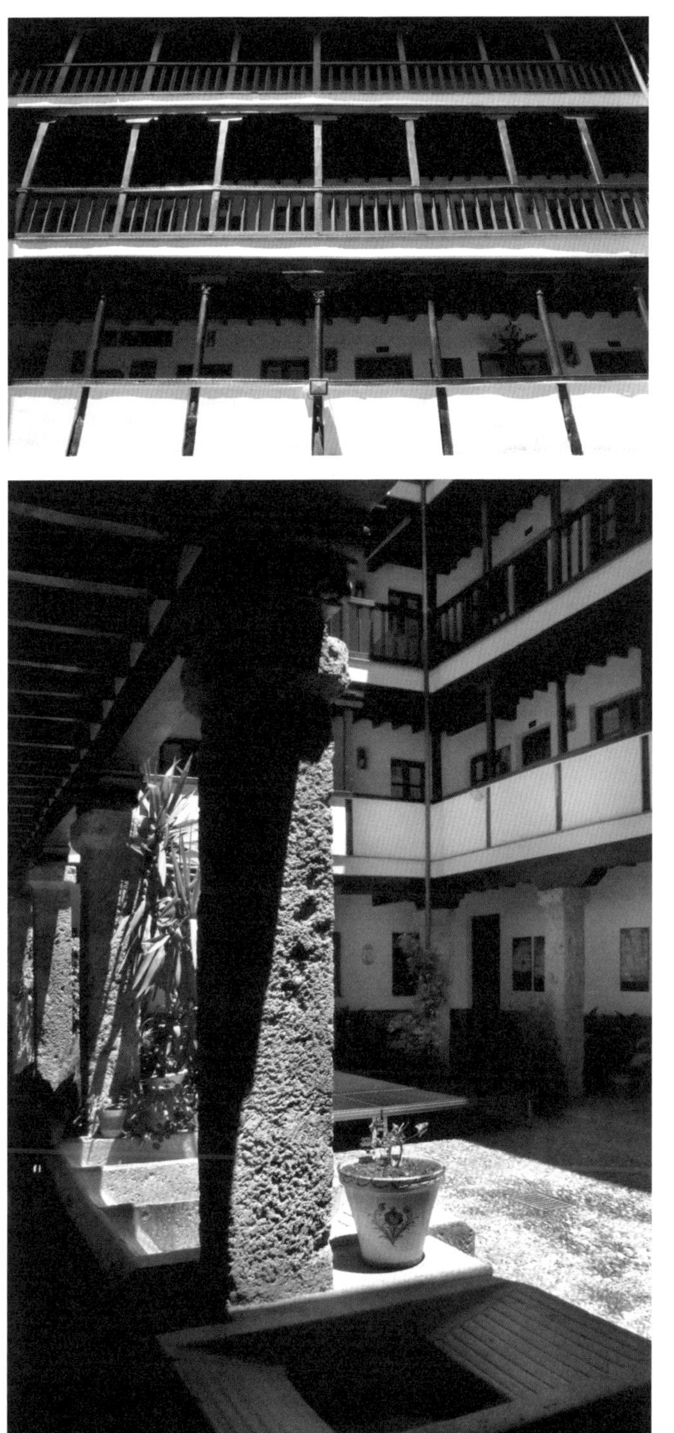

REHABILITACIÓN DEL ANTIGUO HOSPITAL MILITAR PARA LA
SEDE DE LA ESCUELA DE ARQUITECTURA DE GRANADA

Ricardo Hernández Soriano

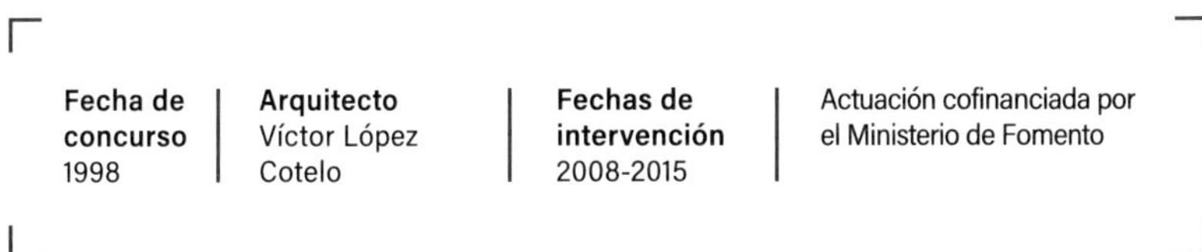

Fecha de concurso	Arquitecto	Fechas de intervención	Actuación cofinanciada por el Ministerio de Fomento
Fecha de concurso 1998	**Arquitecto** Víctor López Cotelo	**Fechas de intervención** 2008-2015	Actuación cofinanciada por el Ministerio de Fomento

En 1998, Víctor López Cotelo obtiene el primer premio en el concurso internacional de ideas para adecuar a Escuela de Arquitectura de Granada el antiguo hospital militar, planteando una intervención estructural de reconstrucción tipológica desde su consolidación como manzana urbana. A partir del entendimiento del edificio original, el proyecto opera con herramientas y conceptos modernos para convertir la actuación en un relato pedagógico que da visibilidad a sus distintos momentos históricos, sin que ninguno de ellos anule al precedente.

La casa germinal musulmana, el palacio renacentista del siglo XVI, el hospital religioso del siglo XVIII, la escuela Normal y el hospital militar, con sus sucesivas ampliaciones hacia calle Cuartelillo, son puestos en valor para ser leídos desde la continuidad de una intervención inacabada, abierta a una evolución permanente y sin renunciar a su condición de contemporaneidad. El proyecto de López Cotelo mantiene una relación visual entre patios para garantizar una lectura temporal continua, desde la dimensión edilicia morisca hasta la escala renacentista, a través de la transparencia que aporta el vidrio como elemento que transmite la necesaria presencia de lo contemporáneo, superponiendo y fundiendo los diversos tiempos históricos.

El nuevo uso universitario se acomoda sobre el antiguo hospital militar sin estridencias, añadiendo los elementos mínimos necesarios para su funcionamiento y eliminando aquellos que distorsionaban su lectura

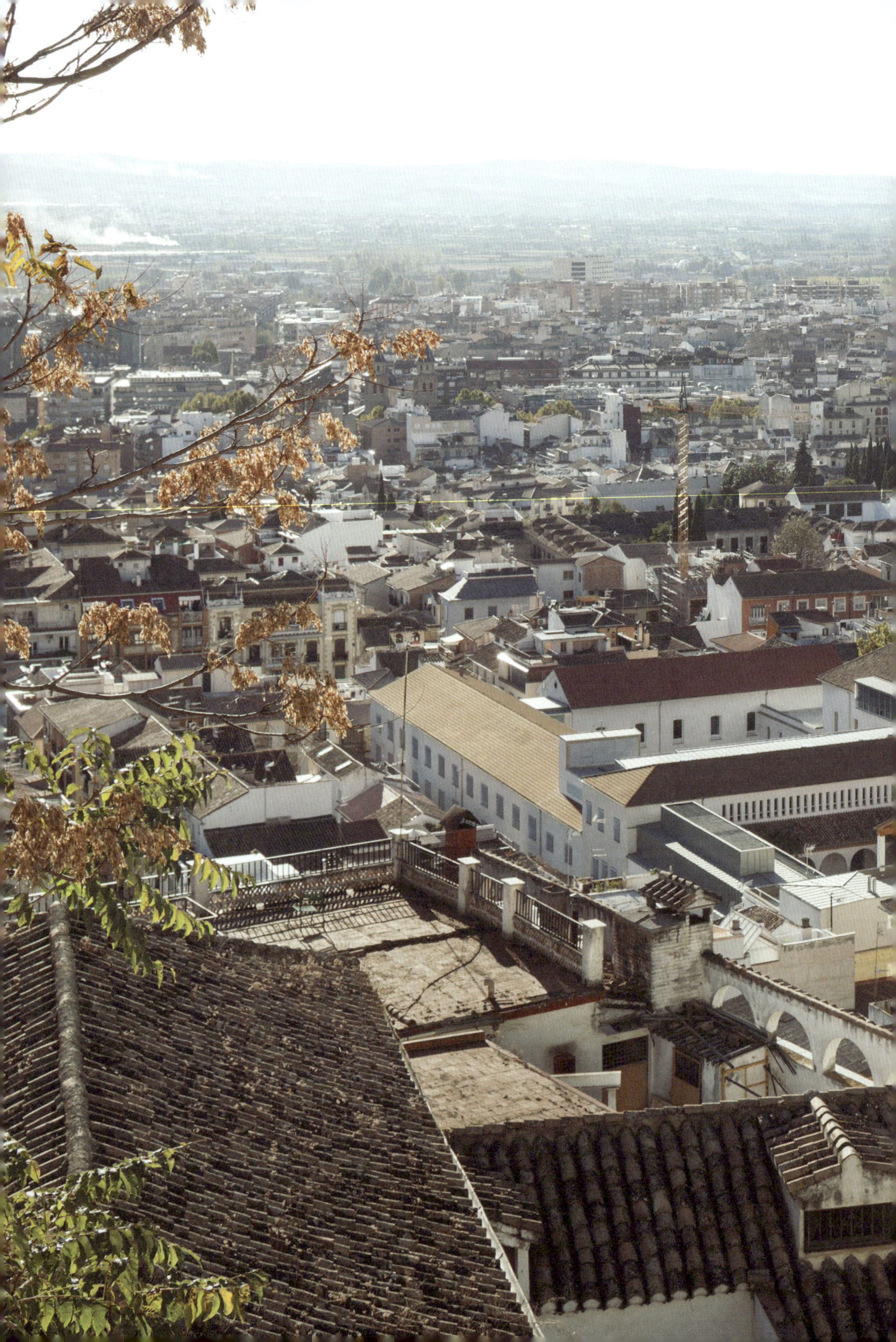

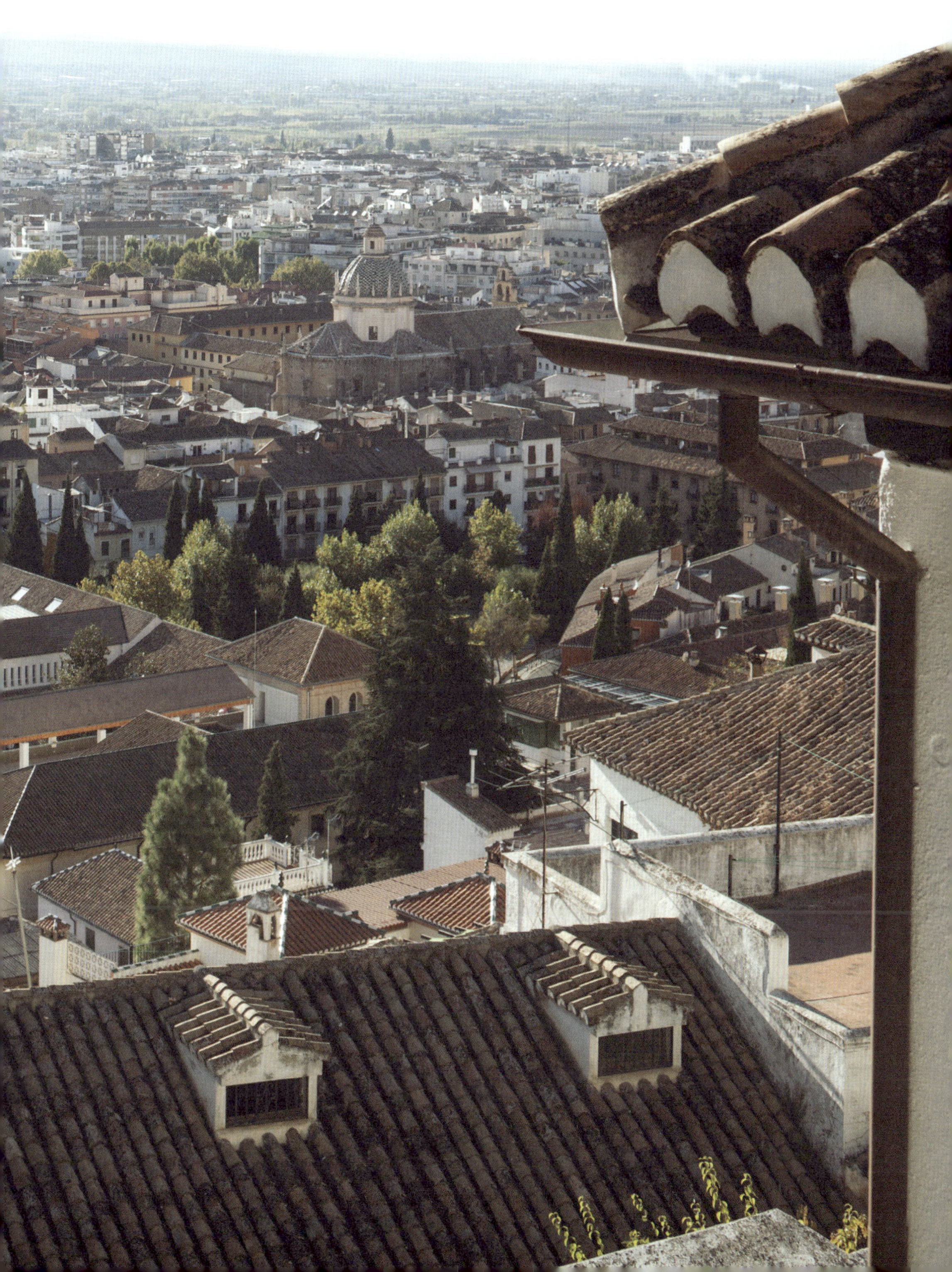

evolutiva. Se potencia la portada renacentista como único acceso al edificio, integrando con una pieza transversal al zaguán las conexiones visuales y físicas que permiten una comprensión unitaria de la intervención: desde el patio renacentista hacia el norte hasta el patio moderno al sur, hilvanados por una materialidad contemporánea insertada con delicada precisión constructiva. Este patio concentra toda las actuaciones de nueva planta con la introducción de una galería de circulación de cuatro plantas que reestructura el cuerpo central y mediante la excavación del aula magna bajo rasante.

Las notables dimensiones de la parcela obligan a una redefinición de circulaciones a partir de la portada principal, que fue perdiendo su posición de centralidad frente a la progresiva expansión del edificio hacia el sur. Por ello, el cuerpo central adquiere un gran protagonismo funcional y simbólico, garantizando las relaciones visuales entre patios a través de una nueva celosía, acomodando la escalera principal sobre el muro fundacional del edificio para resolver conexiones horizontales y verticales y permitiendo una mayor versatilidad funcional. Desde esta posición baricéntrica, los dos grandes vacíos asumen el carácter estructurante de los diversos flujos funcionales: en torno al patio renacentista se articulan la capilla, la biblioteca, el salón de grados y los departamentos; en torno al patio contemporáneo, las aulas, los talleres, la cafetería y el aula magna. Nuevos núcleos de escalera estratégicamente situados e individualizados con tratamiento de colores primarios en sus pasamanos resuelven a la vez los recorridos, las transiciones compositivas entre volúmenes de diversas épocas históricas y las conexiones visuales con el exterior.

El patio del siglo XXI se configura como el nuevo espacio abierto estructurante de la Escuela de Arquitectura, con el aula magna bajo rasante y un tratamiento superficial diferenciado en doble cota que reconoce la implantación originaria escalonada del huerto bajo: pavimento de adoquín con bandas de mármol sobre la cubierta del auditorio y zona ajardinada con arbolado de sombra como patio inglés que ilumina el vestíbulo previo de acceso al auditorio.

El aula magna potencia su condición excavada mediante una escenográfica pendiente, así como con las permanentes relaciones visuales con los flujos funcionales del edificio desde un deambulatorio perimetral acristalado que atenúa su solemnidad docente. La estructura es compartida con el sistema de pórticos de hormigón de la galería de la celosía, resolviendo la cubierta mediante vigas postesadas de hormigón de 27 metros que constituyen el suelo del patio donde confluye toda la vida universitaria en esta sucesión permanente de estratos históricos y capas de contemporaneidad.

El gran valor que aporta la Rehabilitación del antiguo hospital militar para sede de la Escuela de Arquitectura es que reconoce el carácter evolutivo del edificio sin renegar de su tiempo y sin cerrar un discurso histórico inacabado. López Cotelo expresa a través de recursos actuales la condición pedagógica

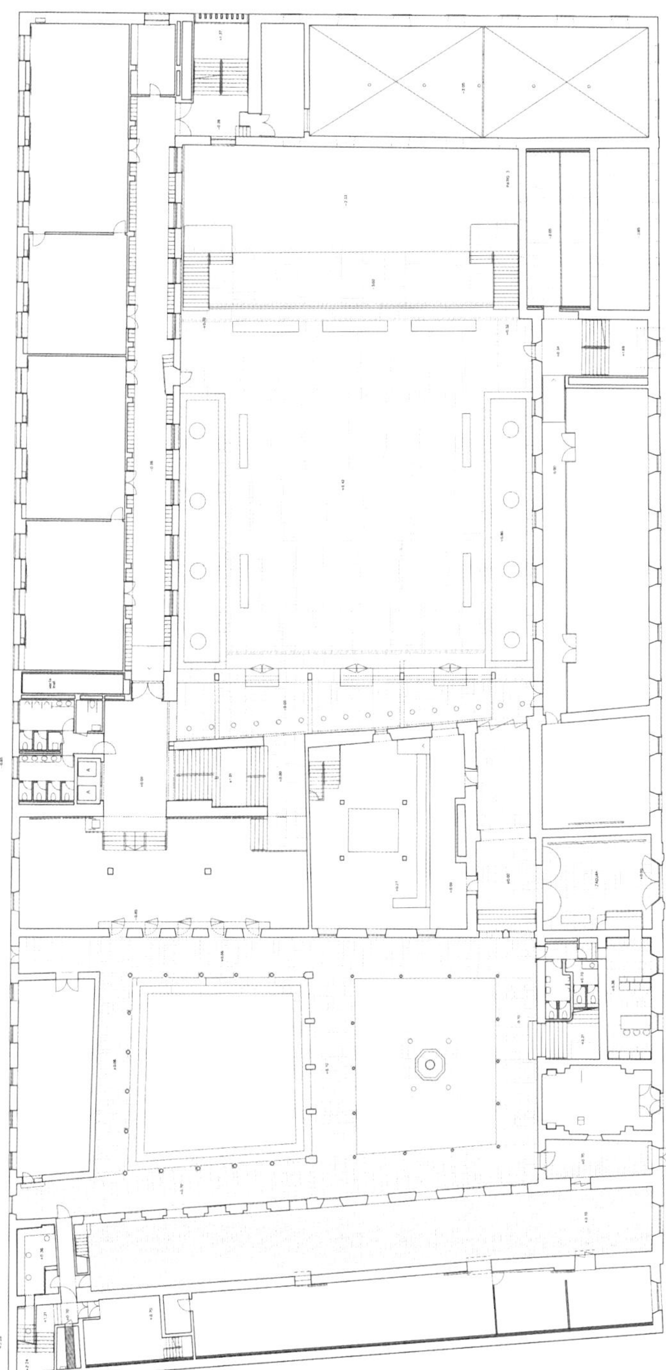

Acceso principal (nivel 0)

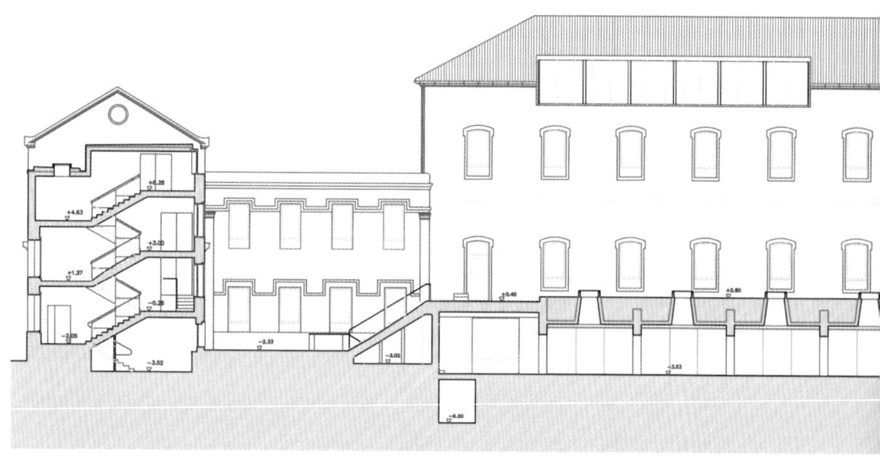

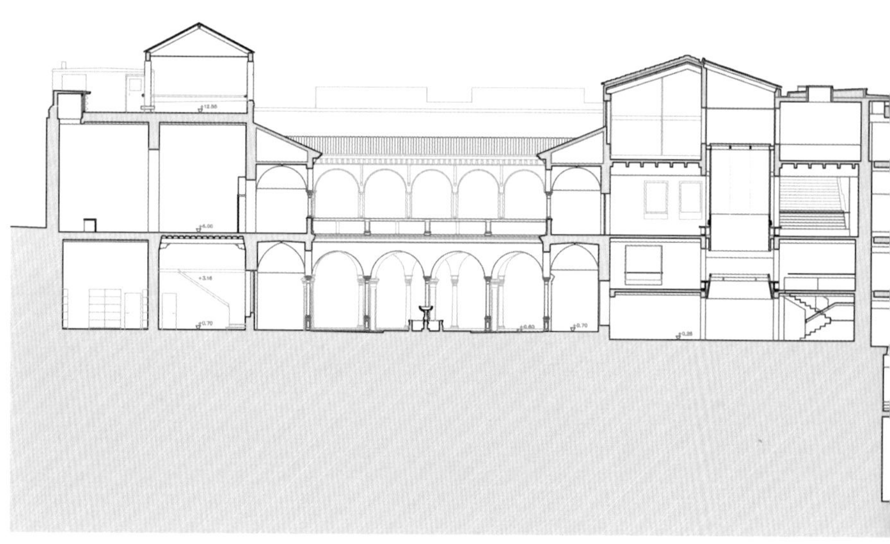

Secciones longitudinales

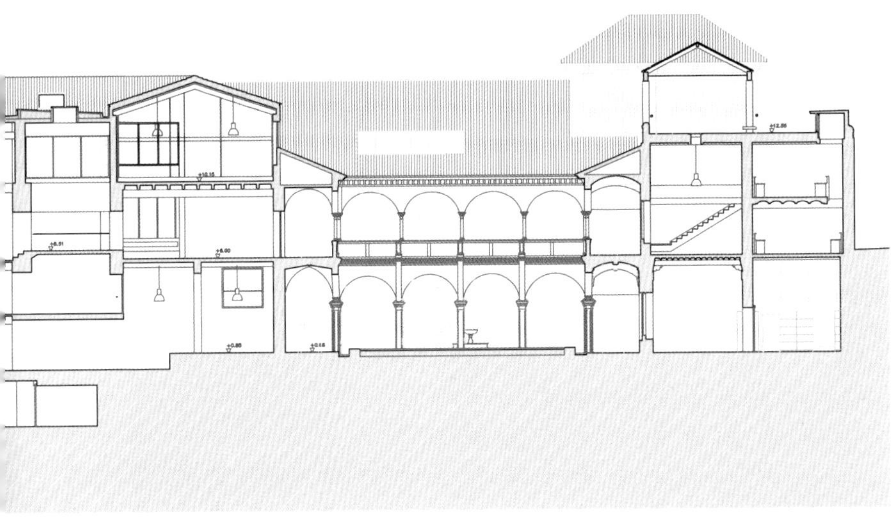

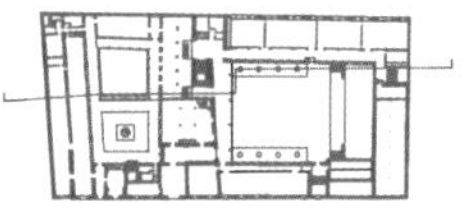

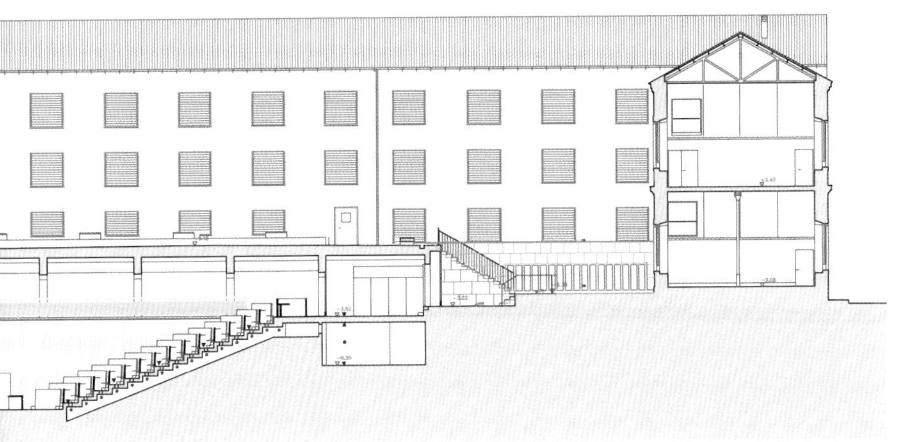

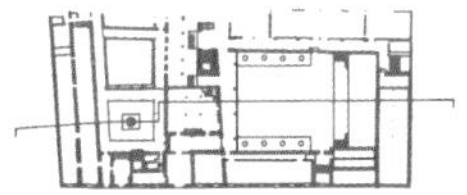

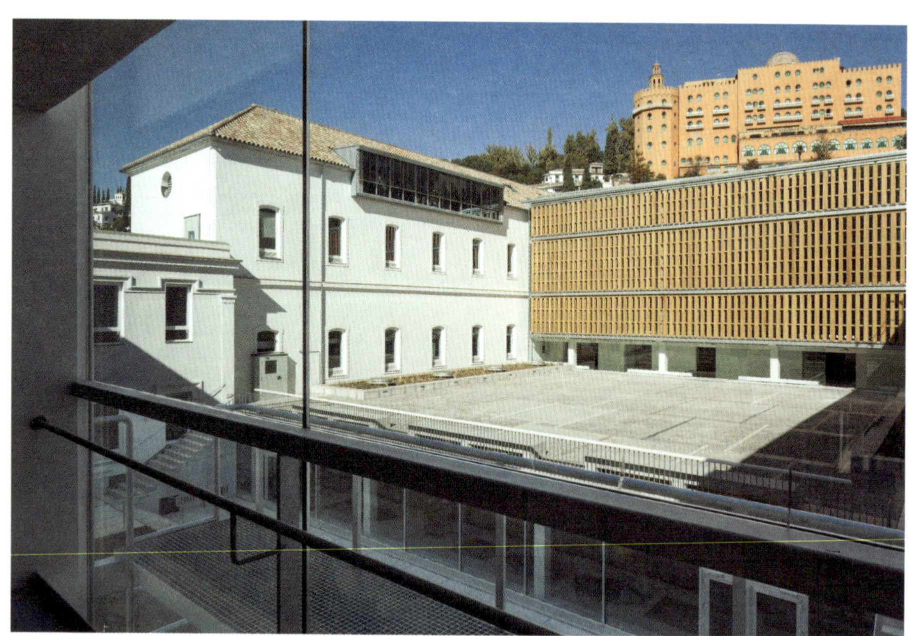

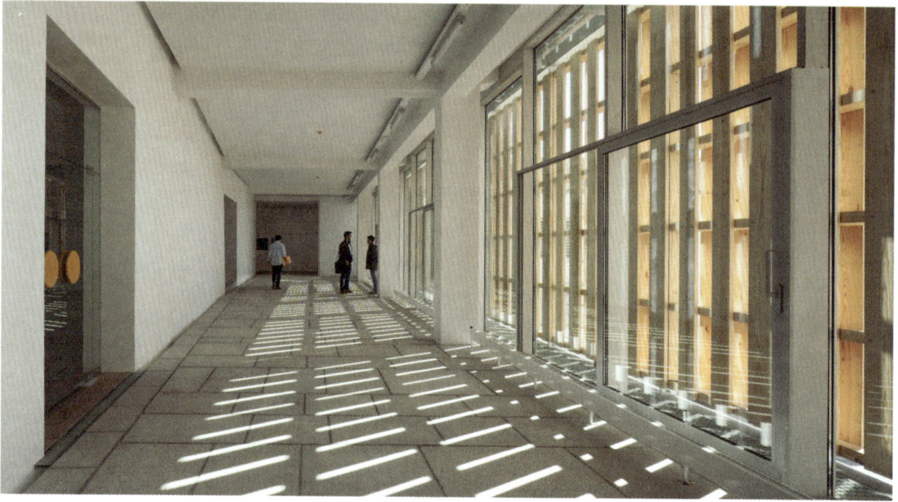

que deben aportar las actuaciones sobre el patrimonio para la interpretación de las distintas épocas históricas que lo han hecho posible. La complejidad de la intervención trasciende los aspectos de rehabilitación, restauración e instauración de un nuevo uso para proponer una restauración urbana que persigue su integración en la ciudad mediante mecanismos de apropiación del entorno que mantienen un permanente diálogo entre el edificio y el barrio.

Se reconocen desde el exterior los diversos periodos de crecimiento del edificio y se resume la pedagogía de la intervención: la portada renacentista, la fachada de acceso a la capilla, el ladrillo del torreón, las ampliaciones militares hacia calle Cuartelillo señaladas por la nobleza del zócalo de piedra y la materialidad contemporánea. La Escuela de Arquitectura de Granada asegura la transformación y el cambio: la intervención es una lección de vida porque otorga continuidad temporal, constructiva y funcional al conjunto y porque demuestra que solo se puede transmitir adecuadamente un bien patrimonial si se mantiene vivo, adaptándose a futuros usos desde el respeto al pasado y desde la necesidad de definir su propio tiempo histórico.

La intervención se puede definir como paradigmática, sin que el tiempo transcurrido desde el concurso hasta la actualidad la haya privado de vigencia en su vocación de revitalización urbana y en su capacidad para integrar las nuevas funciones universitarias. Esta condición le ha valido el reconocimiento en la XIII Bienal Española de Arquitectura y Urbanismo y ser acreedora del Premio de Arquitectura Española 2015. Ha obtenido asimismo el Premio de Restauración Leopoldo Torres Balbás de la VI edición de los Premios del Colegio de Arquitectos de Granada 2013-2017.

FICHA TÉCNICA DEL PROYECTO

REHABILITACIÓN DEL ANTIGUO HOSPITAL MILITAR PARA SEDE DE LA ESCUELA TÉCNICA SUPERIOR DE ARQUITECTURA DE GRANADA

Redactor del proyecto y director de obra: Víctor López Cotelo
Arquitecto coordinador de proyecto y obra: Juan Uribarri Sánchez–Marco
Director de ejecución de obra: José Antonio Valdés Moreno
Director del proyecto de arqueología: Antonio Malpica Cuello
Fechas: 2011-2015
Superficie de actuación: 13.785'47m2
Cálculo de estructuras: Proyectos de ingeniería y arquitectura SL
Instalaciones: JG Ingenieros
Empresa adjudicataria: U.T.E. Arquitectura Granada, Guamar S.A. y Covalco Grupo Constructor S.L.
Financiación: Ministerio de Fomento 54,47%, Universidad de Granada 45,53%

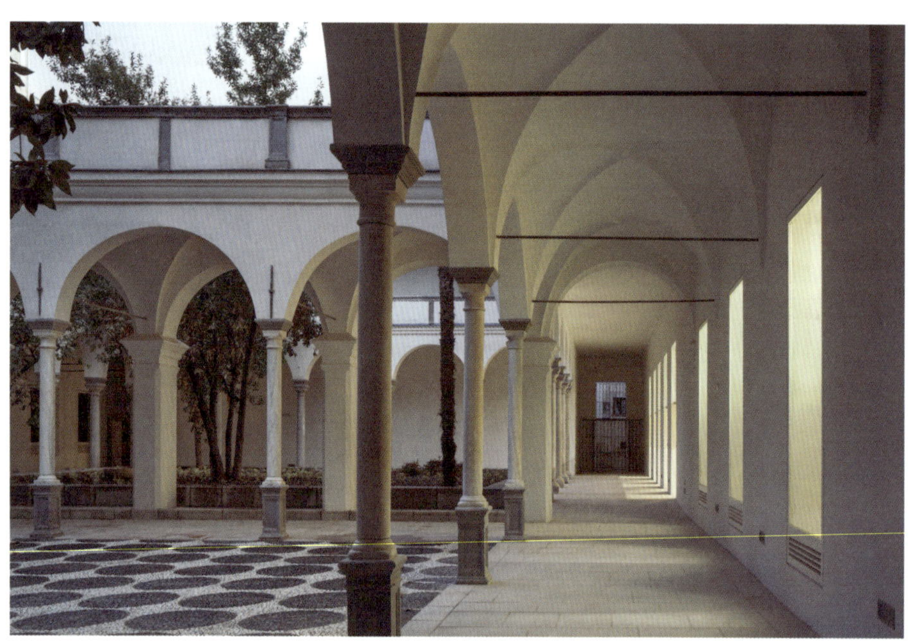

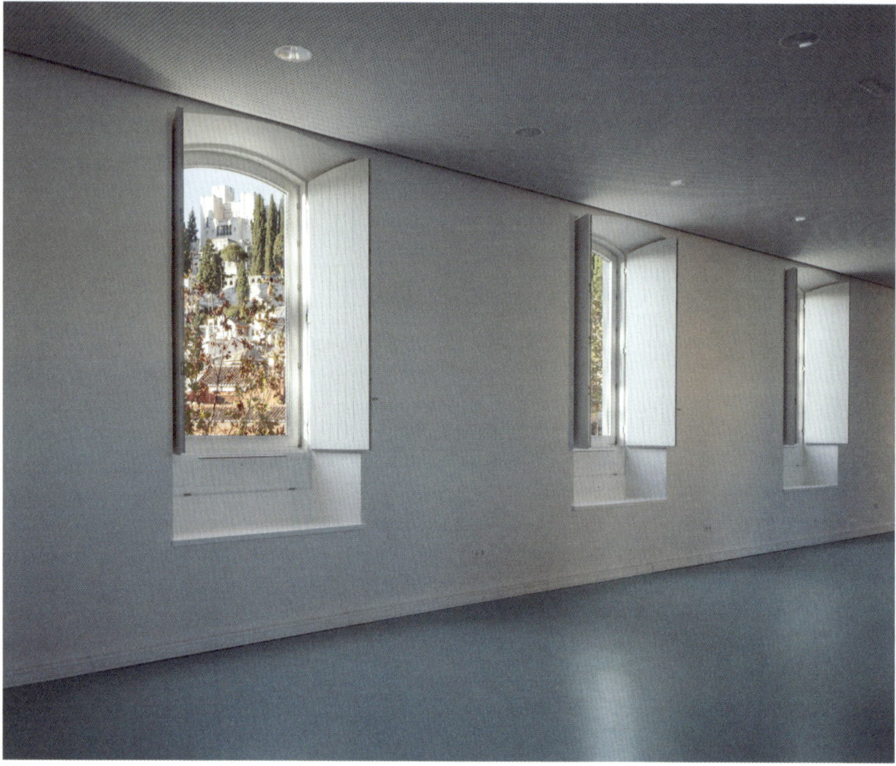

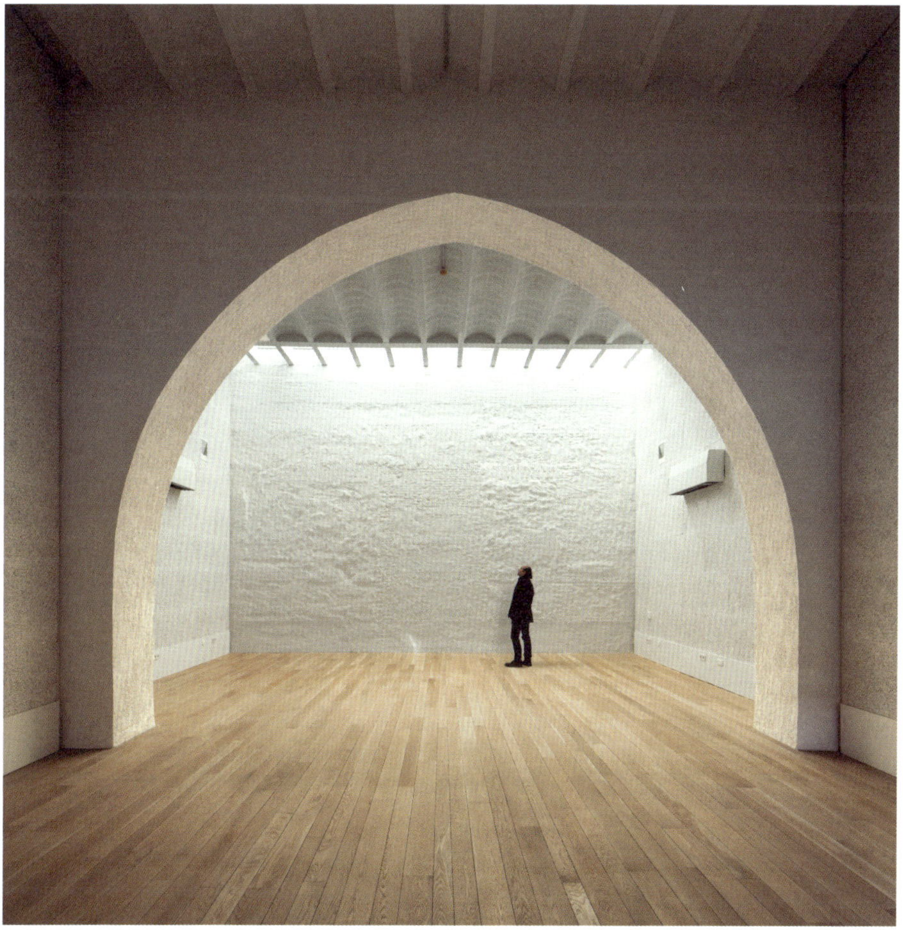

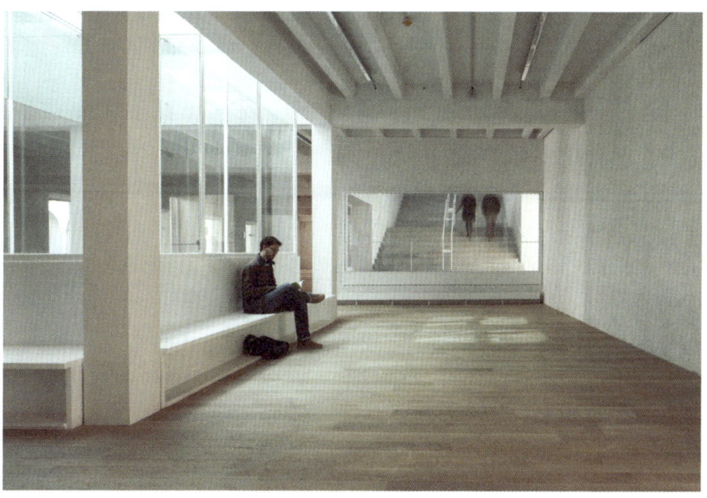

RECUPERACIÓN DEL
PALACIO DE LA MADRAZA COMO ESPACIO CULTURAL

Loreto Corisco González

Fecha proyecto 3ª fase 2007 | **Arquitecto** Pedro Salmerón Escobar | **Fecha de ejecución** 1999-2011

La Madraza fue concebida como universidad a mediados del siglo XIV por Yusuf I siguiendo la tipología de las construcciones dedicadas a la enseñanza islámica. (Figura 1) El edificio originalmente se desarrollaba en torno a un patio con galerías circundantes y contaba con una minuciosa ornamentación y notables yeserías. El Oratorio o Mirhab es el único vestigio de la época y se erige hoy como una gran muestra de la Granada nazarí. A partir de 1500, los Reyes Católicos realizaron importantes modificaciones como la construcción de la Sala de Cabildos o de Caballeros XXIV que cuenta con una exquisita armadura de lazo en cubierta con ornamentación de tintes platerescos. Sucesivas transformaciones se llevaron a cabo hasta que en el siglo XVIII se destruyó parte del edificio primigenio en una radical reforma siguiendo las pautas barrocas y se estableció una nueva percepción de los espacios del edificio que rompían con las preexistencias hispanomusulmanas. (Figura 2 y figura 3) Esta actuación generó una fachada con portada de piedra de Sierra Elvira que es esencial en el imaginario urbano del centro histórico de la ciudad. Fue en 1976 cuando se instalaron los Servicios de Extensión Cultural de la Universidad de Granada. A partir de aquí y hasta la actualidad, el Palacio de la Madraza se concibe como un edificio multifuncional y polivalente en todo el ámbito de la cultura.

Las intervenciones llevadas a cabo han tratado de mermar la consistencia de algunas de las actuaciones acaecidas a lo largo de los años para afianzar el pasado heterogéneo del edificio. Entre estas intervenciones destaca

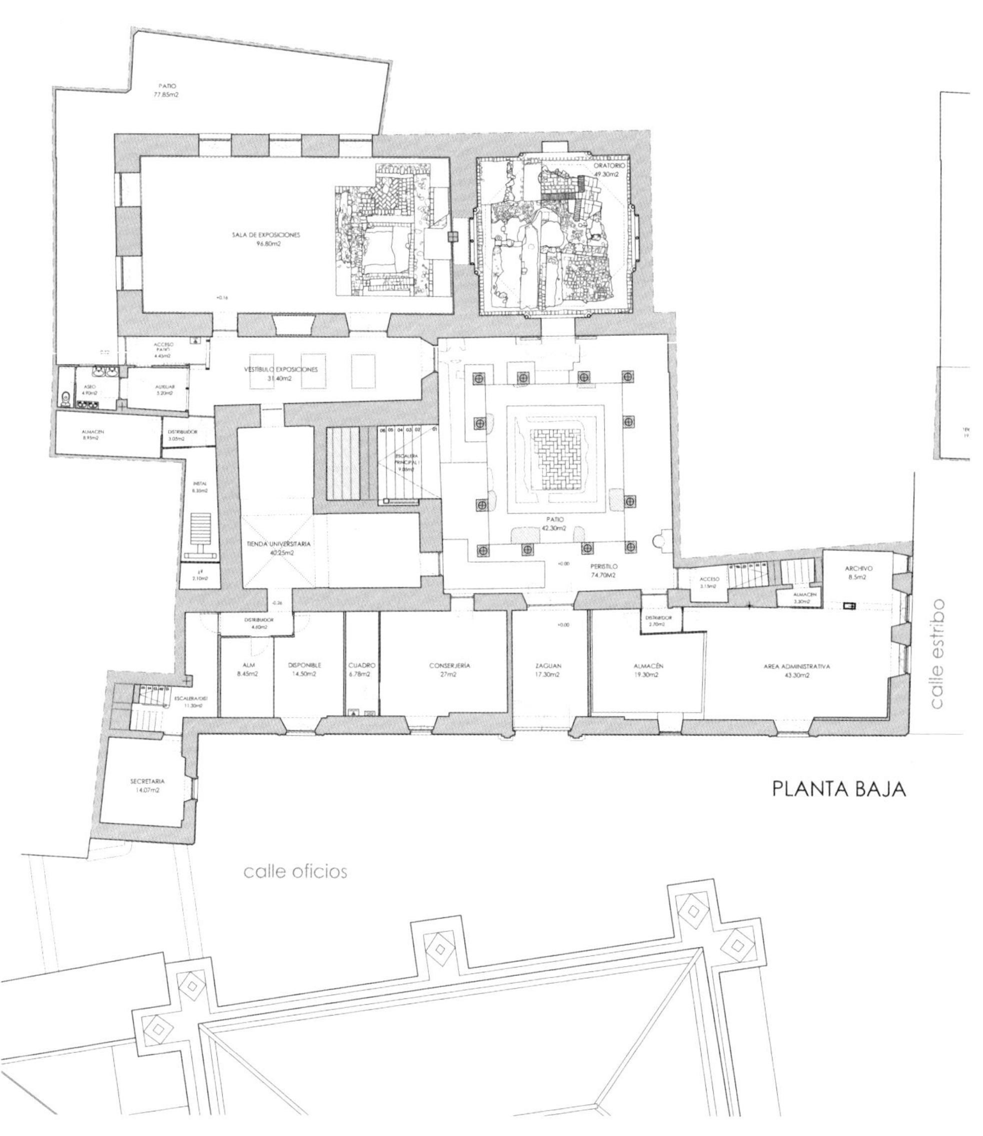

PATIO
77.85m2
SALA DE EXPOSICIONES
96.80m2
ORATORIO
49.30m2
ACCESO PATIO
4.40m2
VESTIBULO EXPOSICIONES
31.40m2
ASEO
4.70m2
AUXILIAR
3.20m2
ALMACEN
8.95m2
DISTRIBUIDOR
3.05m2
ESCALERA PRINCIPAL
9.85m2
INSTAL
8.35m2
PATIO
42.30m2
TIENDA UNIVERSITARIA
40.25m2
ARCHIVO
8.5m2
ACCESO
3.11m2
ALMACEN
3.30m2
1F
2.10m2
PERISTILO
74.70m2
DISTRIBUIDOR
4.60m2
ACCESO
DISTRIBUIDOR
2.70m2
ALM
8.45m2
DISPONIBLE
14.50m2
CUADRO
6.78m2
CONSERJERIA
27m2
ZAGUAN
17.30m2
ALMACEN
19.30m2
AREA ADMINISTRATIVA
43.30m2
ESCALERA/DEI
11.30m2
SECRETARIA
14.07m2
calle estribo
calle oficios
PLANTA BAJA

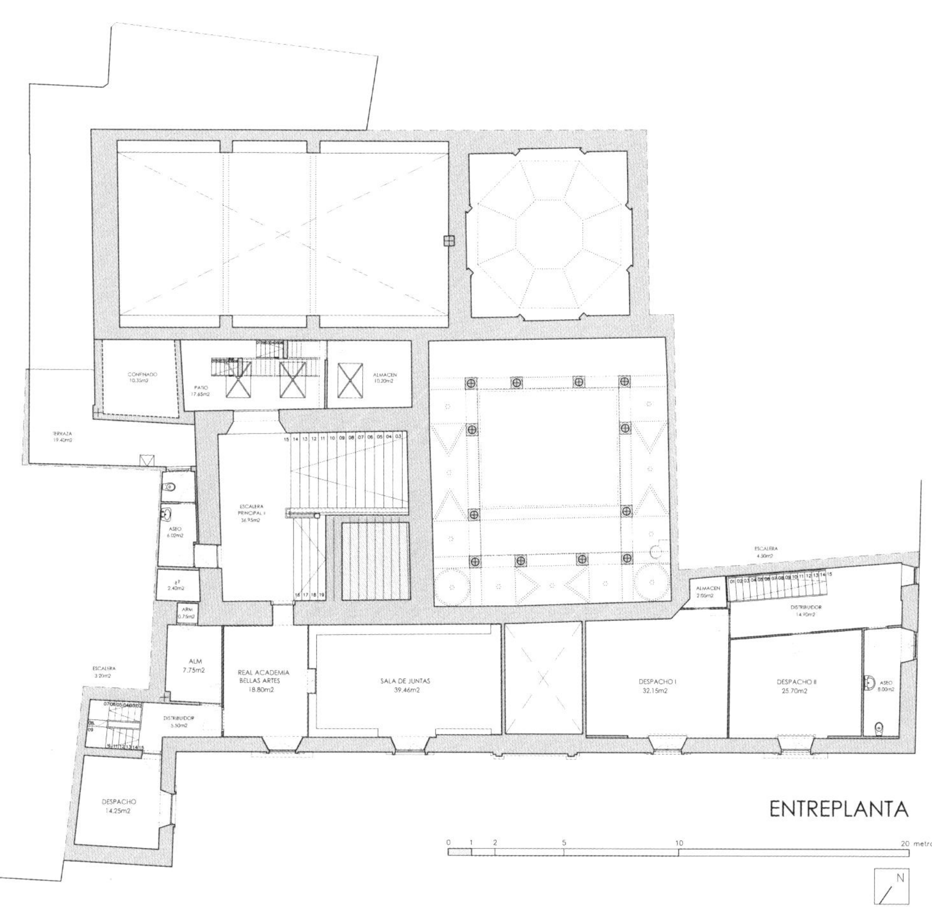

ENTREPLANTA

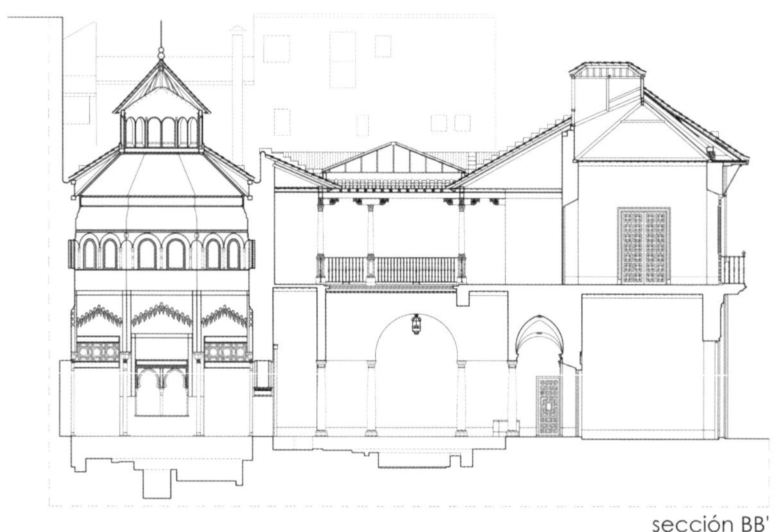

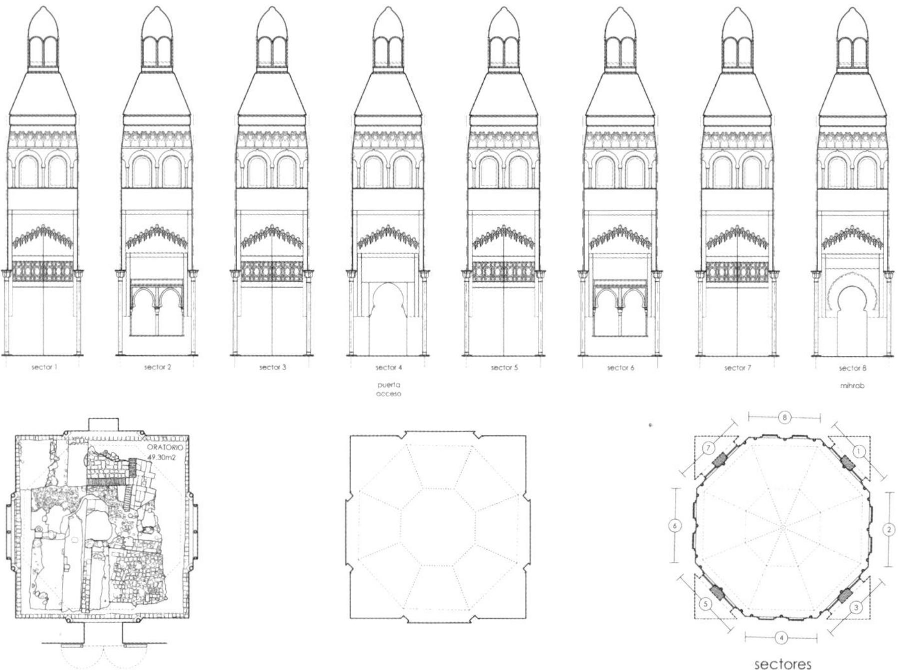

proyección vertical del oratorio

(A)

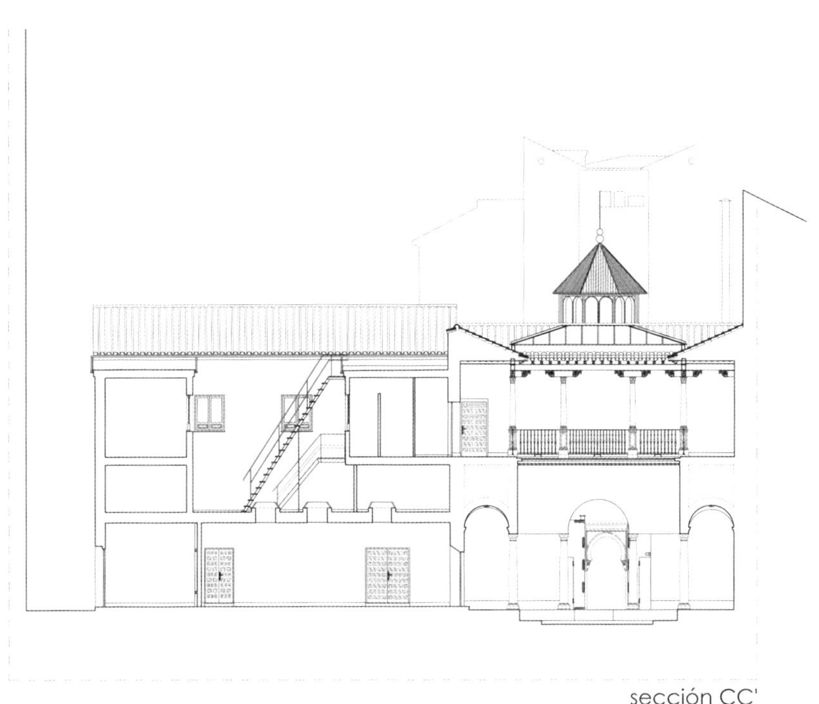

sección CC'

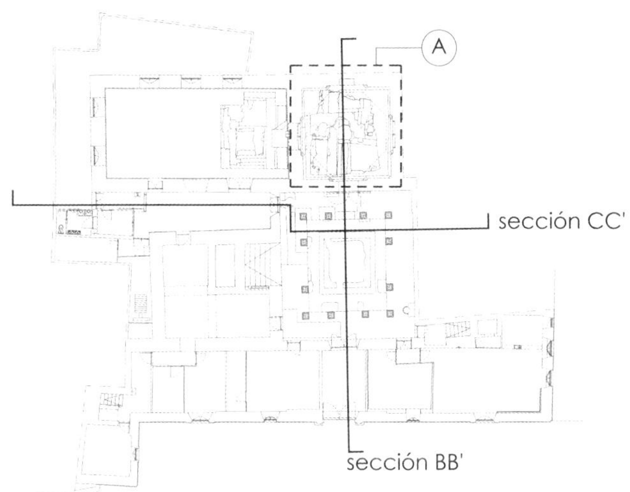

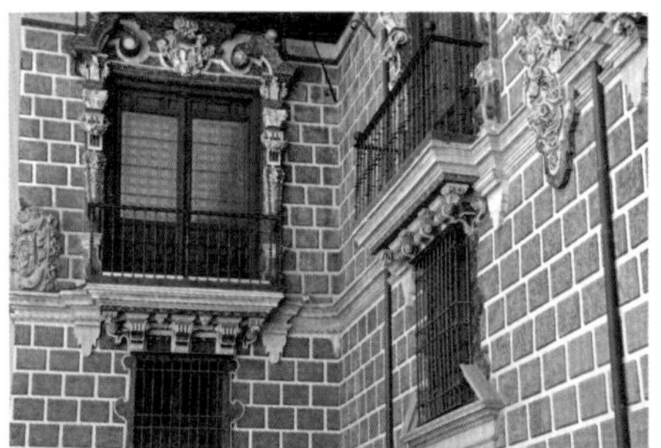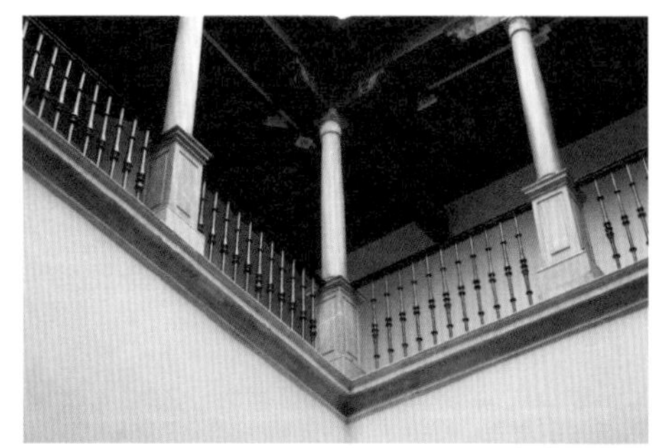

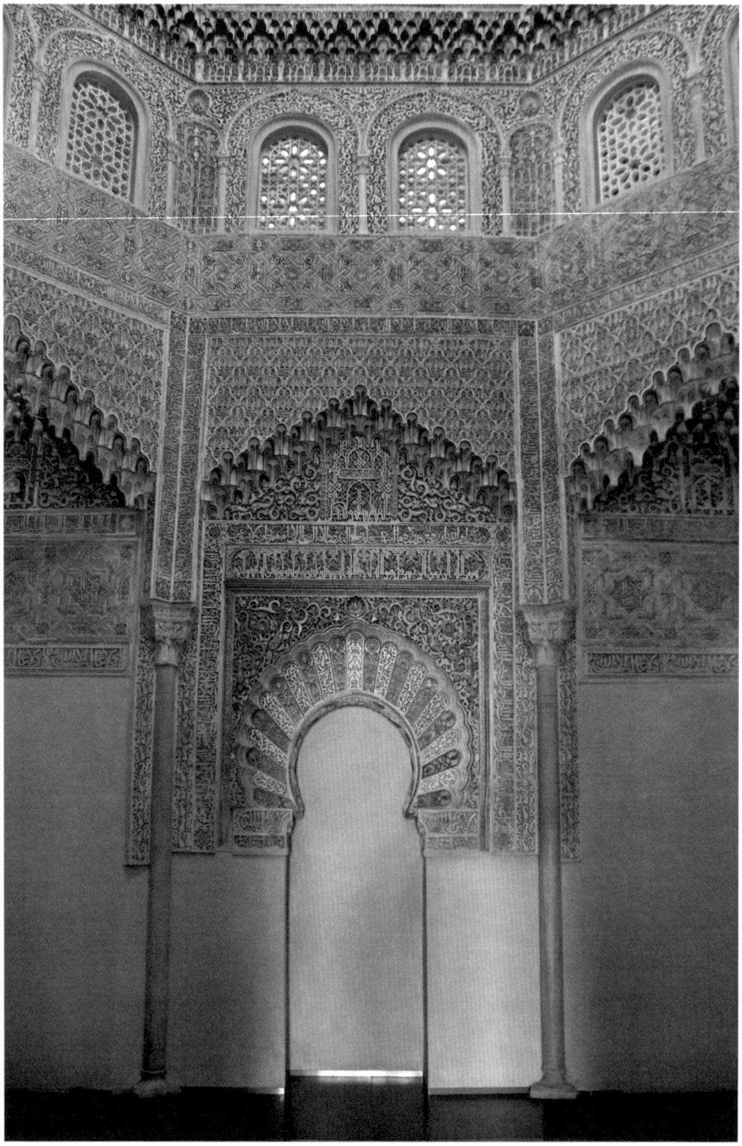

la incorporación a la experiencia del espacio los restos arqueológicos significativos de época nazarí. Por otro lado, se ha tratado de ampliar la superficie útil a lo largo de los años con la ocupación de intersticios y entreplantas, como en la que se situaron oficinas, que se eliminan. Se libera, además, el amplio volumen de la escalera hacia el patio central de importantes proporciones. De esta manera, se otorga más protagonismo al patio, la escalera, la galería, el Oratorio y los salones nobles hacia la calle Oficios como el Salón de Caballeros XXIV. Estos valiosos espacios en planta alta asumen el programa de salas de conferencias, seminarios y usos múltiples. En planta baja, usos de menor trascendencia como la administración y conserjería junto con espacios perimetrales para aseos y locales auxiliares próximos a la entrada. El zaguán de entrada mantiene su naturaleza de charnela entre la calle y el patio de distribución del edificio. Hacia la medianera opuesta, junto al Oratorio, se encuentra la zona expositiva de fácil acceso desde el patio y, bajo la escalera, una pequeña estancia abovedada. La propuesta se articula con otras intervenciones que ponen en valor el espacio como la disposición de un pavimento flotante de vidrio que permita la contemplación de los niveles originales en el Oratorio y la consolidación de los restos arqueológicos de la alberca original.

FICHA TÉCNICA DEL PROYECTO

RECUPERACIÓN DEL PALACIO DE LA MADRAZA COMO ESPACIO CULTURAL

Arquitecto: Pedro Salmerón Escobar

Dirección de obra: Pedro Salmerón Escobar

Arquitectos técnicos: María Cullell Muro, Manuel Jiménez (Universidad de Granada)

Fechas: 1999-2011 (fase 1, 1999-2002; fase 2 2004-2006, fase 3 2007-2011)

Superficie construida: 1710 m²

Ingeniera de Caminos, Canales y Puertos: Ángela Salmerón Palomo

Arqueólogo: Antonio Malpica Cuello

Restauración: Julia Ramos

Empresas adjudicatarias: Alberto Domínguez. Restauración de Monumentos S.A. (fases 1 y 2), U.T.E. Anfrasa S.L. y Heliopol S.A.U. (fase 3)

Fotografía: Fernando Alda

Financiación: Universidad de Granada y Junta de Andalucía

RESTAURACIÓN DEL
PATIO DE LA CAPILLA DEL HOSPITAL REAL DE GRANADA

Ricardo Hernández Soriano y Loreto Corisco González

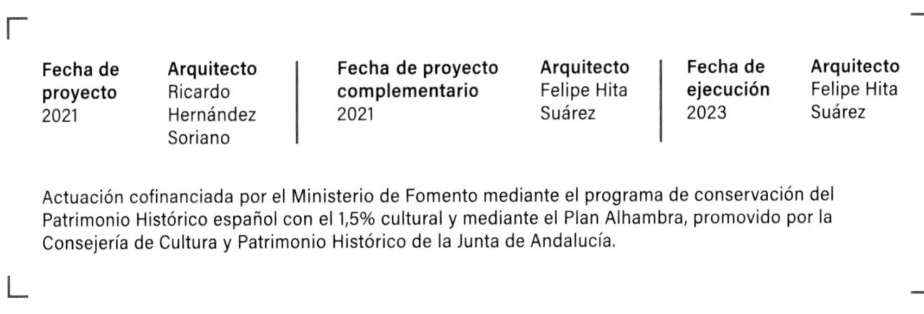

| **Fecha de proyecto** 2021 | **Arquitecto** Ricardo Hernández Soriano | **Fecha de proyecto complementario** 2021 | **Arquitecto** Felipe Hita Suárez | **Fecha de ejecución** 2023 | **Arquitecto** Felipe Hita Suárez |

Actuación cofinanciada por el Ministerio de Fomento mediante el programa de conservación del Patrimonio Histórico español con el 1,5% cultural y mediante el Plan Alhambra, promovido por la Consejería de Cultura y Patrimonio Histórico de la Junta de Andalucía.

En el Hospital Real, destacadas intervenciones singulares ratifican el compromiso social con el excepcional soporte arquitectónico que alberga la sede del Rectorado. Desde que en 1979 se aprobase el proyecto de adaptación para Rectorado, Servicios Generales y Biblioteca Universitaria se han llevado a cabo actuaciones que ponen en valor esta emblemática muestra del renacimiento español. De los cuatro patios que componen el edificio (de Carlos V, Inocentes, de los Mármoles y de la Capilla), fue el Patio de la Capilla el único que se concluyó en su totalidad en el año 1536, como descubre la inscripción a lo largo del friso del primer piso. Desde su trazado hasta las más recientes intervenciones, el patio y sus galerías han soportado tanto las continuas adaptaciones a los requerimientos hospitalarios como las restauraciones ejecutadas con criterios que hoy no se consideran válidos.

El Hospital Real en conjunto se alza sobre sólidos muros de carga y crujías salvadas por estructuras de madera en alfarjes y armaduras de lazo en cubierta. El patio de la Capilla es un patio porticado mediante columnas y arcos, aparentemente cuadrado, constituido por dos cuerpos de alzada y una galería perimetral superior a la que se accede desde una escalera de tres tramos situada en la crujía NW. (Figura 2) El área porticada se sustenta sobre veinte columnas lisas en cada piso que soportan elegantes

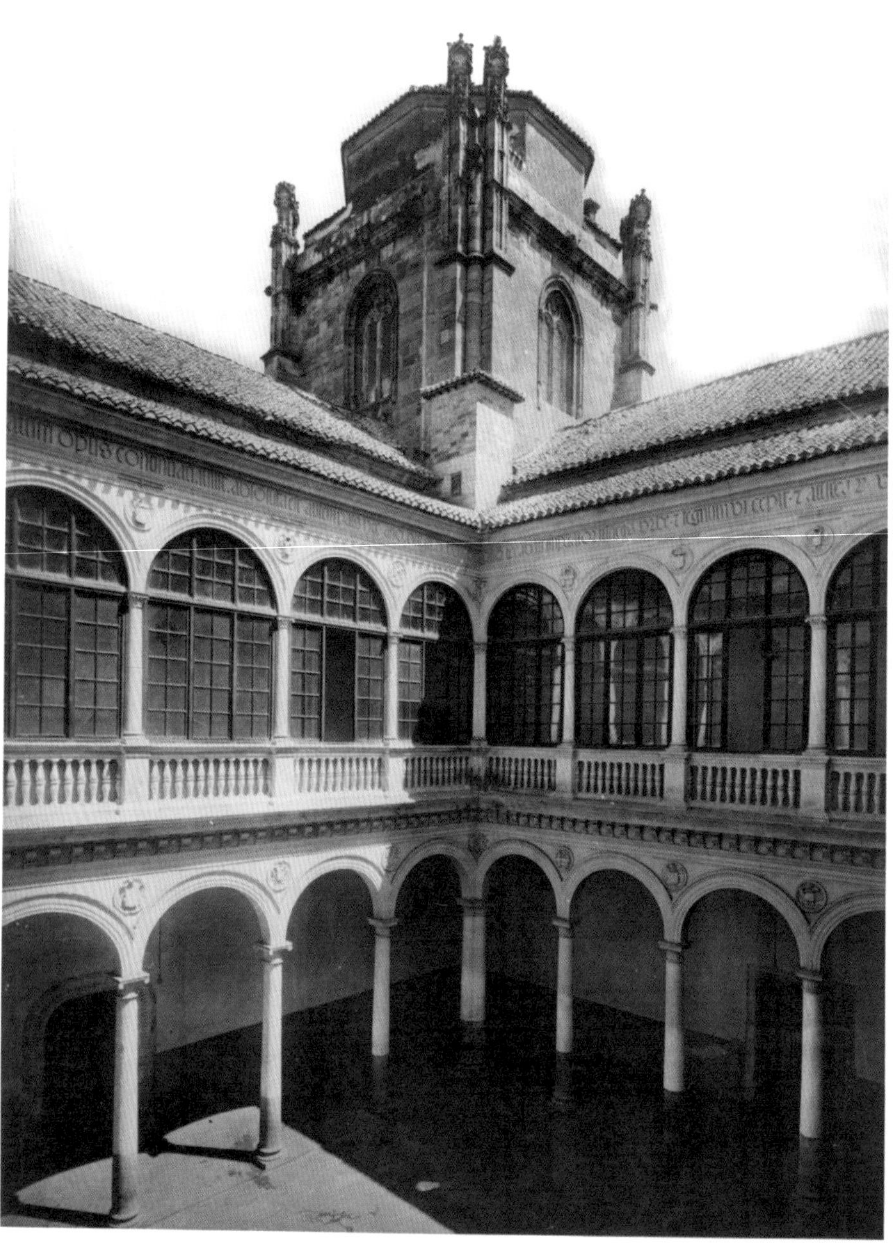

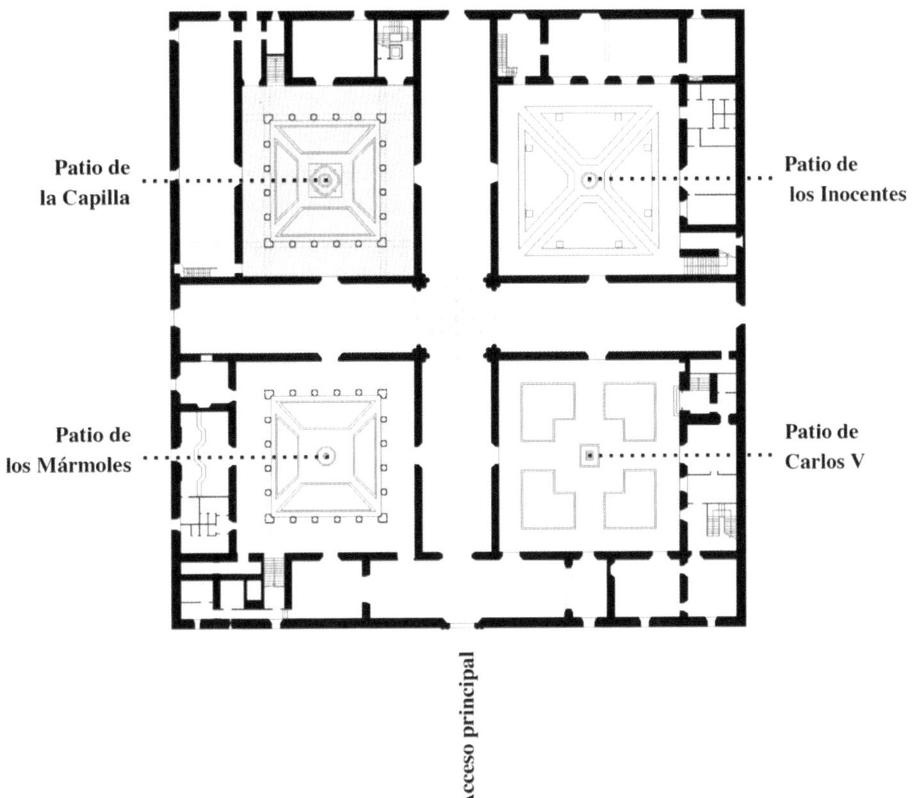

Planta baja del Hospital Real.
Localización del Patio de la Capilla

arcos de medio punto. El trazado de los arcos, ligeramente rebajados en dos de sus alzados, enmascara la planta rectangular del patio. En la planta superior, una balaustrada de piedra autóctona de Granada con pilastras cuadrangulares soporta las respectivas columnas de aproximadamente un cuarto de la altura total del hueco. (Figura 3) Se puede reconocer cierta continuidad en las estructuras estilísticas de las arquitecturas granadinas de la época ligadas al carácter de Diego de Siloé, como se aprecia en el orden toscano de proporción inusual en la galería de planta baja. Las geometrías aparecen influenciadas por las expresiones artísticas del renacimiento tardío en la labra de los capiteles y en el friso decorativo se aprecian trazas góticas. Los elementos ornamentales y los materiales pétreos se encontraban en condición deficiente debido a la falta de respuesta constructiva a lo largo del tiempo.

El proyecto inicial de Restauración del patio de la Capilla fue redactado desde el Área de Patrimonio de la Universidad, recogiendo parte de sus urgentes requerimientos estructurales y constructivos. Incluye la restauración completa de los pórticos y balaustradas de piedra calcarenita de los pórticos del patio, en grave estado de degradación y deterioro; la intervención sobre los alfarjes de la galería con alarmantes deformaciones mediante la sustitución de elementos estructurales; y el rebaje perimetral en la solería de la galería para evacuación de las aguas de lluvia, principales responsables de las patologías observadas.

La intervención se ha completado mediante la redacción de un proyecto complementario que incorpora la reposición de la solería completa de la galería en planta primera y la restauración de la fuente central de patio y del sistema hidráulico.

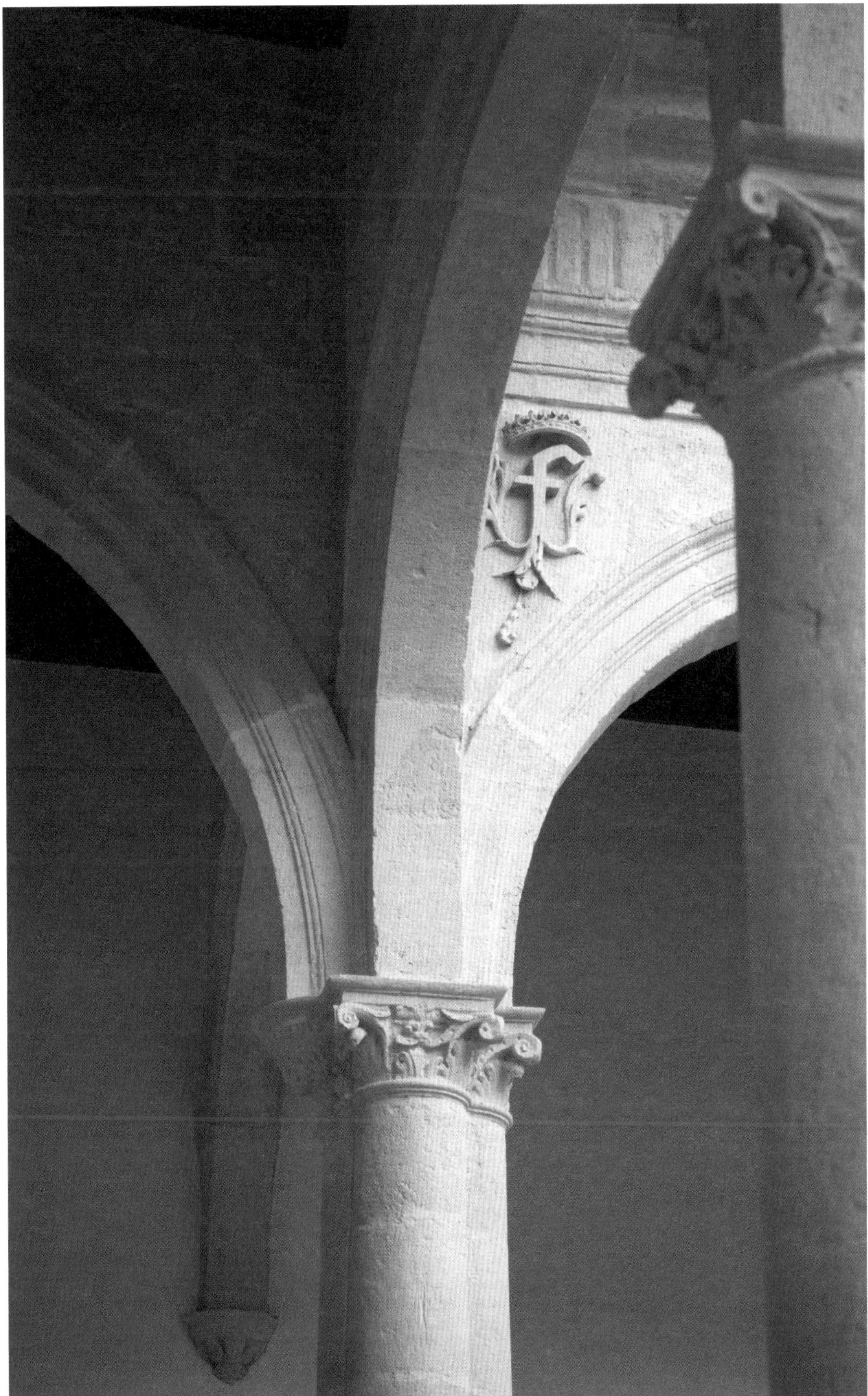

FICHA TÉCNICA DEL PROYECTO

RESTAURACIÓN DEL PATIO DE LA CAPILLA DEL HOSPITAL REAL DE GRANADA

Arquitecto: Ricardo Hernández Soriano

Fecha de proyecto: 2021

Arquitecto proyecto complementario: Felipe Hita Suárez. Fecha: 2022

Proyecto de restauración de materiales pétreos: Jorge Durán Suárez y MªPaz Sáez Pérez

Dirección de obra: Annona arquitectura

Dirección de ejecución: Elio Prieto

Directores de restauración de materiales pétreos: Jorge Durán Suárez y Mª Paz Sáez Pérez

Obra realizada por: UTE formada por las empresas Dávila Restauración de Monumentos, S.L. (50%) y Julia Ramos Restauración del Patrimonio (50%)

Actuación cofinanciada por el Ministerio de Fomento mediante el programa de conservación del Patrimonio Histórico español con el 1,5% cultural y mediante el Plan Alhambra, promovido por la Consejería de Cultura y Patrimonio Histórico de la Junta de Andalucía

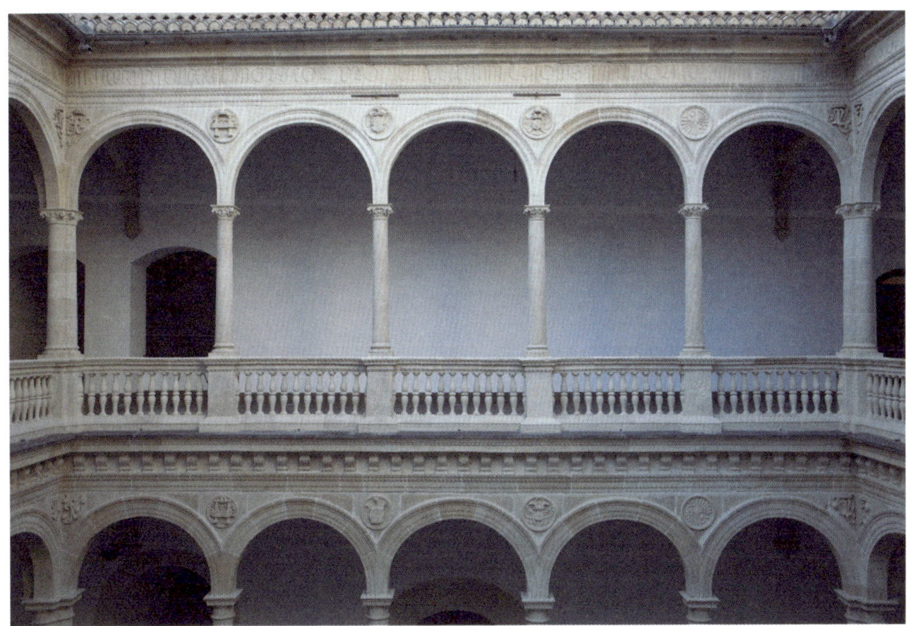

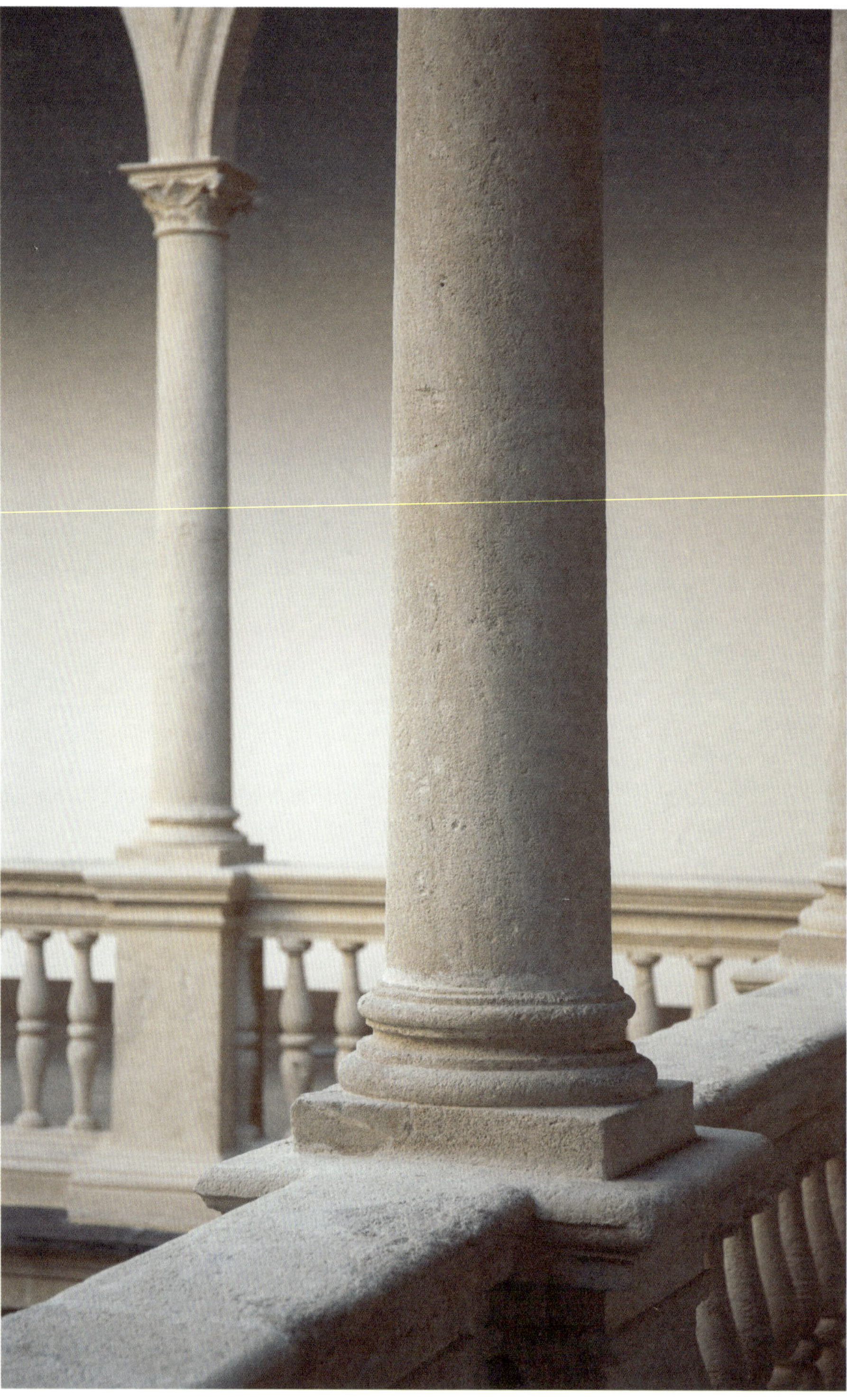

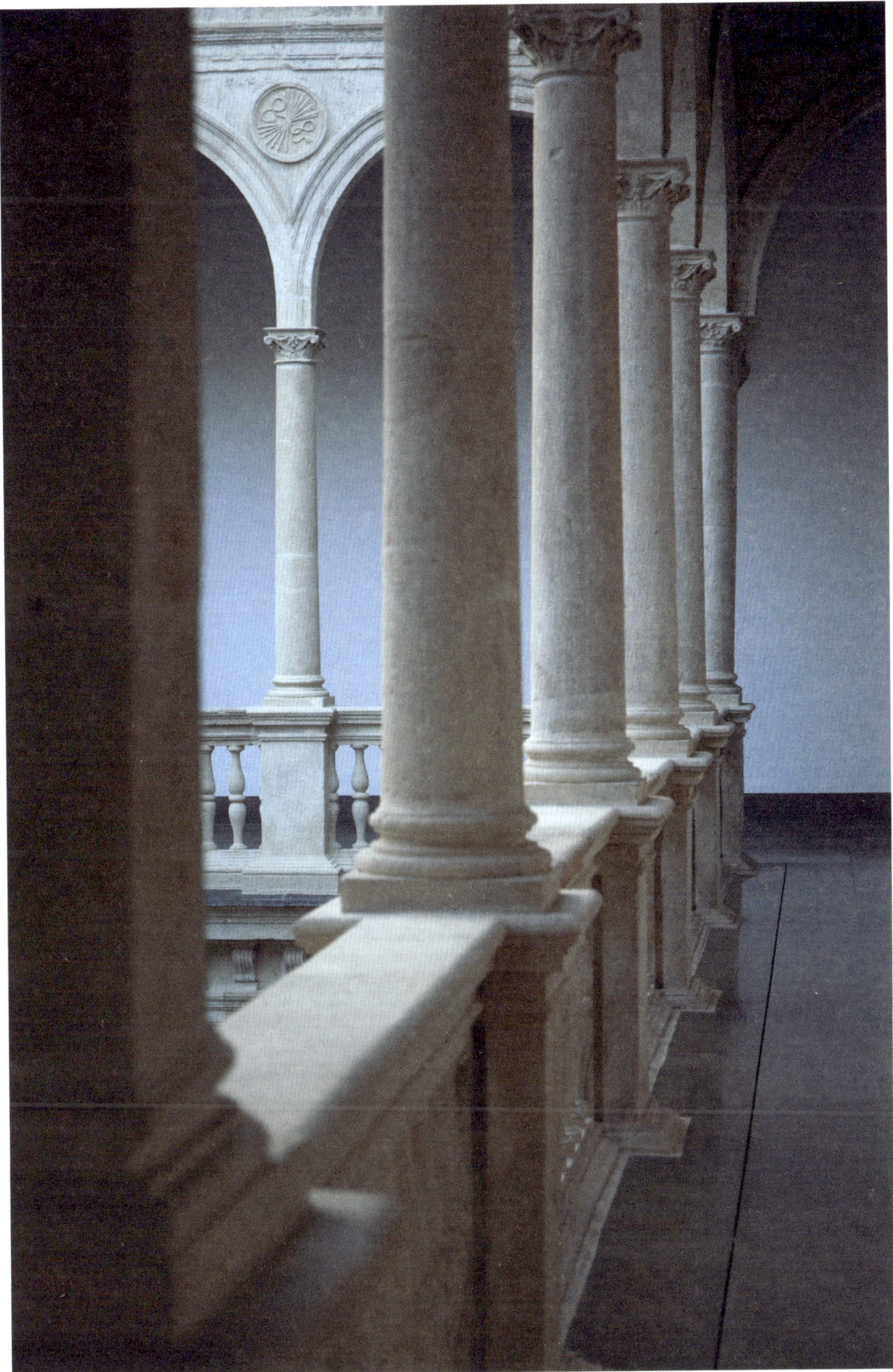

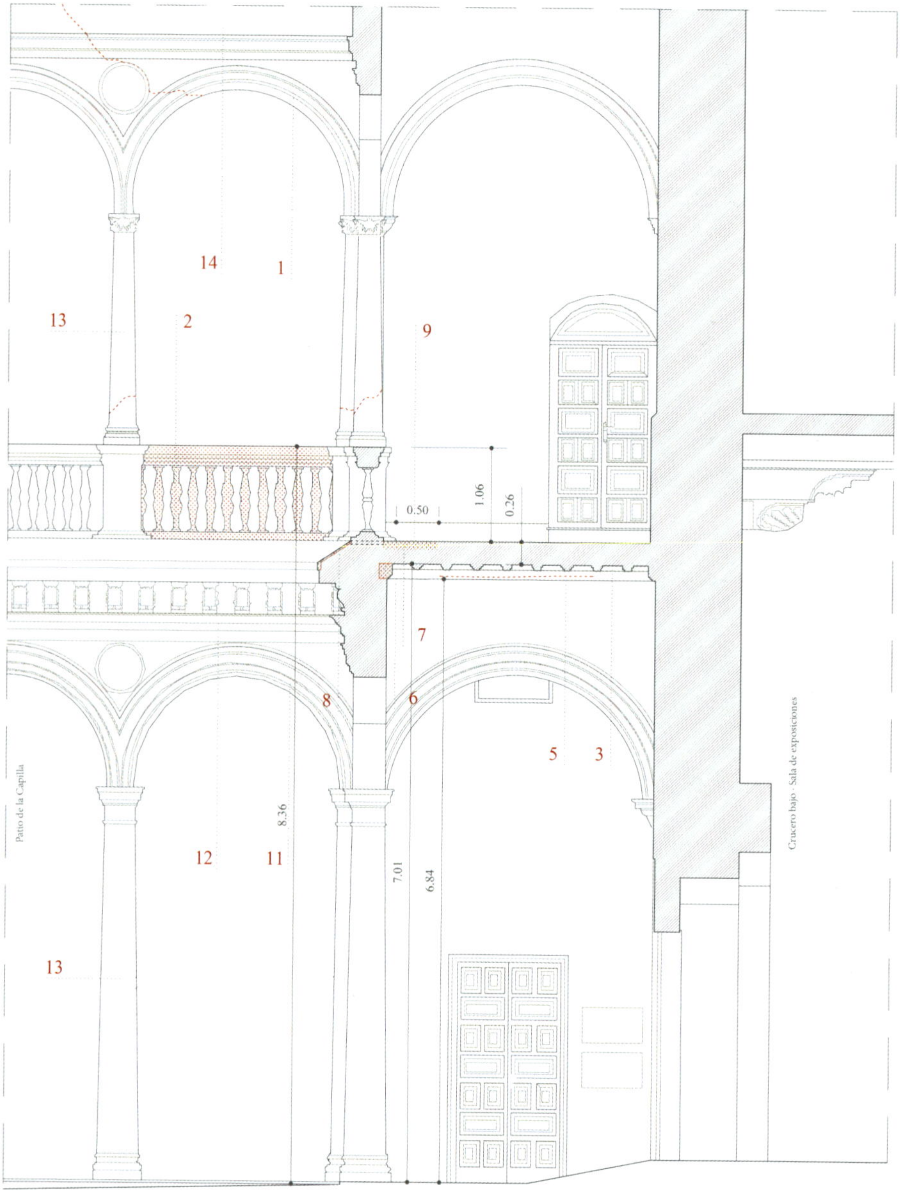

Sección unidad A

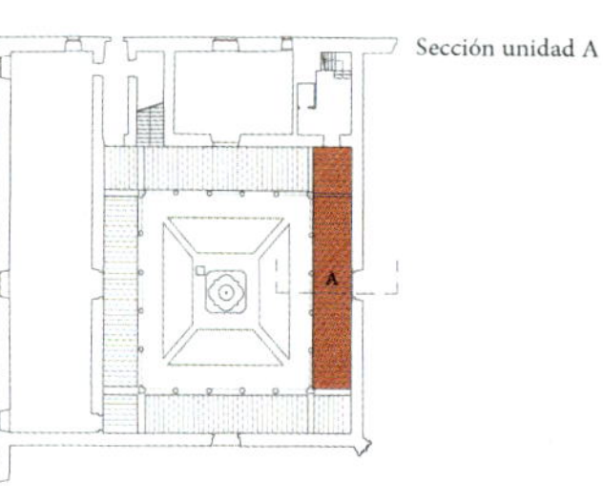

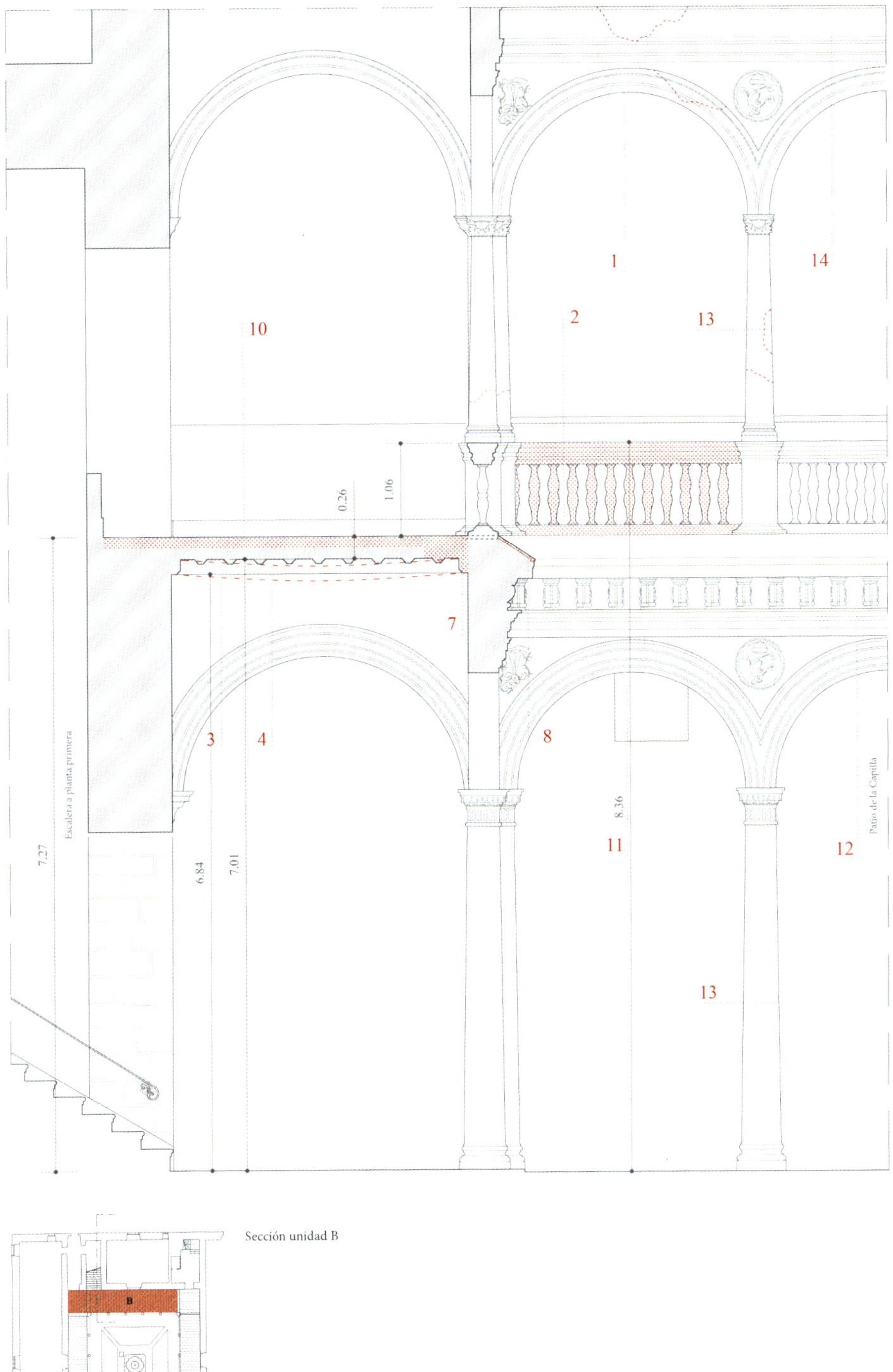

Sección unidad B

Secciones constructivas del proyecto

LA SALA DE RECTORES DEL HOSPITAL REAL DE GRANADA

Diego Garzón Osuna

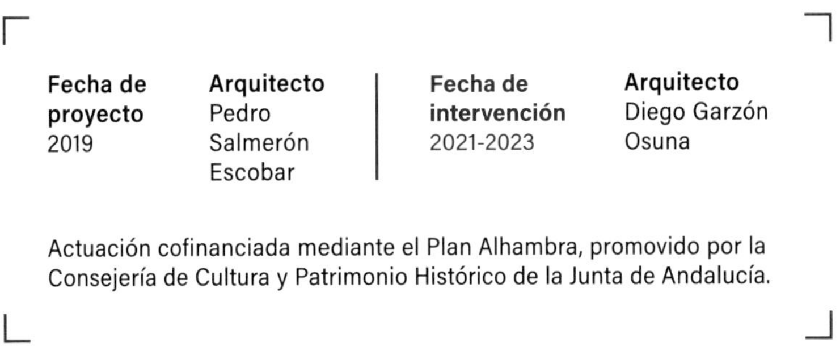

| **Fecha de proyecto** 2019 | **Arquitecto** Pedro Salmerón Escobar | **Fecha de intervención** 2021-2023 | **Arquitecto** Diego Garzón Osuna |

Actuación cofinanciada mediante el Plan Alhambra, promovido por la Consejería de Cultura y Patrimonio Histórico de la Junta de Andalucía.

Esta intervención de estabilización estructural resuelve un problema de transmisión de cargas presente en el edificio desde los trabajos de recomposición de armaduras de cubierta y alfarjes de madera posteriores al grave incendio de 1549. El vestíbulo de ingreso a la Sala de Rectores, en otro tiempo Cuarto Real, constituye un espacio de transición entre las galerías inconclusas del patio de los Mármoles, cuya planta alta se desmontó a consecuencia del citado incendio, y el Patio de Carlos V o del Archivo, que no llegó a edificarse. Este espacio estaba separado del crucero alto del Hospital Real, hoy Biblioteca General de la Universidad de Granada, por un muro de ladrillo, el mismo que sostenía a la armadura de madera de la cubierta, transmitiendo este empuje y su peso propio sobre el alfarje de madera de la primera planta del crucero. Esta anomalía ha causado una notable deformación del citado forjado de madera, poniendo en riesgo su estabilidad.

La Universidad ha ejecutado una obra de sustitución del citado tabique, muy alterado por el paso del tiempo, por otro de nueva factura que integra una viga metálica en celosía encargada de dar adecuado soporte a la armadura de cubierta, transmitiendo sus empujes a los muros de crujía. La nueva división incluye un hueco central acristalado de factura contemporánea, al no existir restos fidedignos del original, recuperando el eje visual desde la Sala de Rectores al Cimborrio del Crucero, comunicación cegada en posguerra.

La actuación ha incluido la rehabilitación y consolidación de la armadura de cubierta y el citado alfarje, con restauración de las zapatas de asiento y el reemplazo de 9 vigas de madera de 9 metros de largo, con una notable dificultad técnica.

La redacción del proyecto de actuación trató de resolver dos objetivos principales. Uno estructural, debido a la inadecuada transmisión de cargas desde la armadura de cubiertas del extremo sur del crucero hasta el forjado de madera presente en la planta primera de este. Y de otro lado, recuperar la conexión funcional y visual entre el crucero alto y la crujía principal del inmueble; concretamente entre la Sala de Rectores y el Cimborrio. Este documento, redactado por el arquitecto Pedro Salmerón con la colaboración del técnico que posteriormente asumirá la dirección de los trabajos, recibió la valoración y corrección por parte de la Comisión Provincial de Patrimonio, en lo que al trazado del nuevo hueco de comunicación corresponde. No teniéndose certeza de su formalización original al quedar inconcluso el espacio de charnela o vestíbulo entre las que hubieran sido las galerías altas porticadas de los patios de Mármoles y de Carlos V, se adoptó como criterio la realización de un vano de nueva factura cuyas dimensiones y geometría reforzaran su imagen de contemporaneidad. Aportación que permitiera enfatizar los valores patrimoniales del crucero, visto desde la sala de Rectores, sin tratar de competir con ellos. Para apartarse de la configuración habitual de las puertas, de trazado esbelto y rectangular, la propuesta ejecutada muestra al visitante una geometría cuadrada, cuya altura se alinea con la de las librerías presentes a ambos lados de cada uno de los brazos de la Biblioteca General de esta Universidad, desarrollada íntegramente en el crucero alto.

Reforzando esa imagen actual y etérea el hueco se cierra con un vidrio ultraclaro, haciendo que el mismo no se aprecie por el visitante, que contempla el crucero como si de una vitrina arquitectónica se tratase. Una apertura por tanto a la historia del edificio en un punto singular donde el protagonista es la luz y el volumen construido, rematado por una imponente armadura de lacería en madera.

La intervención se inició a finales del año 2021 con la colocación de protecciones en el crucero bajo, paso previo al montaje de una cimbra de apeo del forjado a sustituir. Elemento estructural con notable flecha (superior a 12 cms), motivada por su peso propio (con un espesor de rellenos y pavimento superior a 32 cms), pero especialmente por las solicitaciones trasmitidas en el tiempo por el tabique divisorio de 7,20 metros de altura que descansaba sobre él. A este apuntalamiento siguió el descuelgue de un

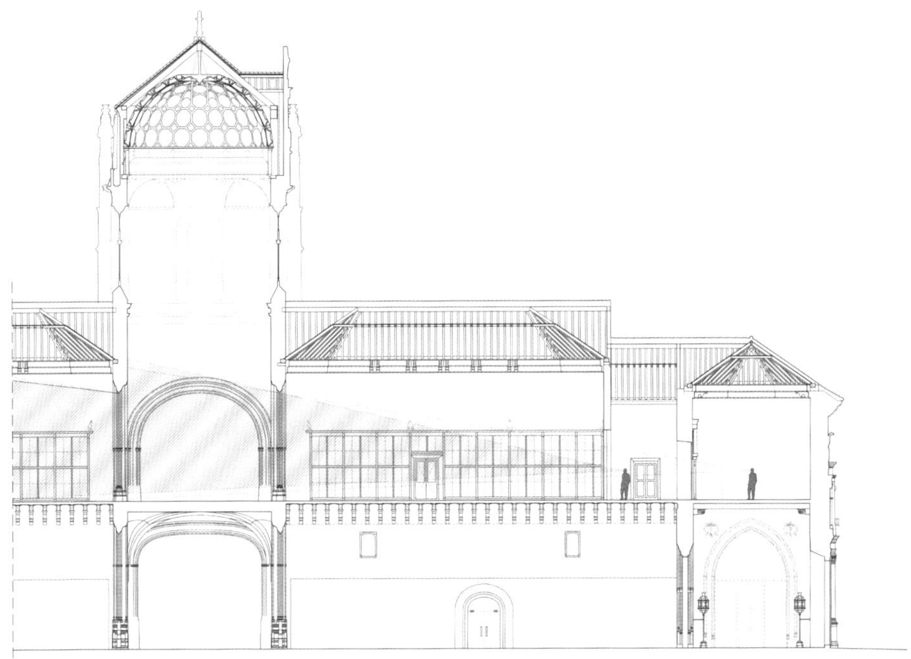

Sección del proyecto

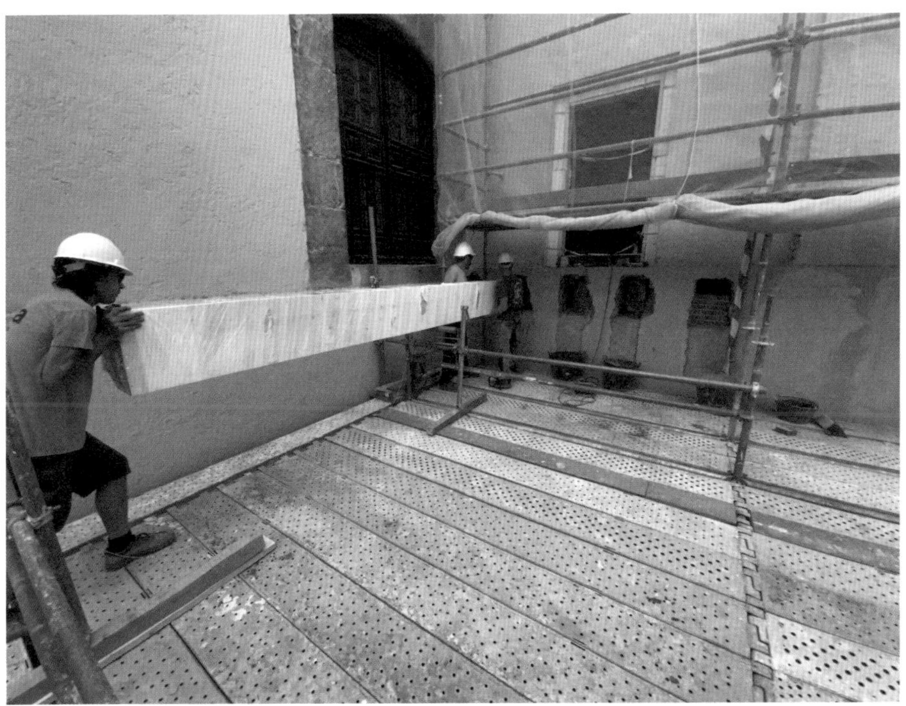

gran cuadro existente hasta la fecha en la cara hacia la biblioteca del citado tabique. Obra de arte, que siguiendo las recomendaciones de Secretariado de Patrimonio Inmueble fue trasladado al extremo opuesto del crucero (fachada noroeste).

Paralelamente se realizaron cierres ligeros de independencia con el resto del edificio. Recurso necesario para evitar la dispersión de polvo y suciedad a otras estancias singulares durante un proceso de obra que se extendió más de un año.

Asegurado el alfarje de madera se ejecutaron nuevos apeos de andamio que permitieron el desmonte del tabique divisorio (con seguimiento arqueológico), y el recalce de la armadura de lacería que cubre este extremo sur del crucero alto. Para ello, se colocó un dintel de acero laminado bajo la jácena de madera sobre la que descansan los cuadrales, el durmiente y el testero corto de la misma. Parar hacer posible el descanso de esta viga metálica ha sido necesario hacer un cosido de los muros que definen la crujía, de tapial con verdugadas de ladrillo.

Solidario a este perfil metálico se ejecutó in situ una viga en celosía formalizada por montantes tubulares, horizontales y cruces de San Andrés. Nuevo elemento estructural que permite cerrar la forma así como una correcta derivación de las cargas de la cubierta a los muros laterales de la crujía, en detrimento del forjado de madera de la planta primera, como había llegado hasta nuestros días. Este elemento, presente en el núcleo de la nueva división ligera revestida por tableros de yeso laminado, respecta los dos jabalcones aflorados durante los trabajos de desmonte del anterior tabique. Elementos inclinados a modo de parteluz de la jácena superior de madera, desde los cuadrales a la base de los muros laterales. Si bien estos jabalcones de madera de pino no responden a las piezas originales, reemplazaron a estas en algún momento.

Paralelamente a estos trabajos se realizó el desmonte de la armadura de madera que cubría el vestíbulo previo a la Sala de Rectores. Estructura de cubierta ampliamente intervenida en la década de los sesenta del pasado siglo por el arquitecto conservador Francisco Prieto-Moreno Pardo. La inadecuada formalización de los ensambles entre pares y nudillos habían propiciado con el tiempo la debilidad de los primeros por su falta de inercia, ofreciendo una gran inestabilidad, por deformación, rotura o remado de elementos, motivo por el que siguiendo el dictado del proyecto ha sido sustituida por nuevas secciones de madera laminada encolada, reaprovechando parte de la tablazón ataujerada con motivos geométricos en las calles.

Llegado el final del verano de 2022 la intervención se completaba con la sustitución de las primeras nueve vigas del alfarje de madera. Elementos que por deformación y rotura no era viable mantener. La notable longitud de estos elementos, superior a nueve metros, obligó a abrir sus entregas en el muro noreste y a ejecutar una plataforma de andamio cubriendo un cuadrante del patio de Carlos V. Plano desde el cual se insertaron a eje en la crujía cada una de las nuevas vigas, empleando rodillos. Antes de esto, fue necesario reconstruir los tramos de empotramiento de las ménsulas de madera sobre las que apoyan las vigas. Elementos bellamente tallados que afectados por pudrición parda, fueron consolidados mediante prótesis Beta o de madera vieja.

Colocadas las vigas, se recibió la tablazón ataujerada entre ellas. El plano del suelo quedó completado con la ejecución de una capa armada de compresión colaborante de siete centímetros de espesor.

Para la reintegración del pavimento de toda esta área de alfarje, se realizaron piezas de barro cocido, por el artesano Castillo de Siles. Para su colocación, se estudió el replanteo presente en el pavimento del crucero alto y en la Sala de Rectores, concertando ambos mediante ajustes puntuales. Estas piezas han sido pulidas, y tratadas mediante aplicación de tintes naturales (al silicato) con acabado a la cera. Formando un damero heterogéneo de tonos pastel que si integra con el resto de pavimento cerámico presente en las salas.

El hueco se ha formalizado inserto en la viga en celosía descrita, estando revestido por tableros de yeso laminado. Subrayando el momento de su construcción, se ha enmarcado con una chapa de acero inoxidable en bruto en la cara inferior del dintel, jambas y umbral. Esta apertura se completa con un vidrio laminado y templado con un espesor total de 20mm. Plano que incluye dos hojas de paso en sus extremos.

La actuación ha incluido a finales de 2022 con la renovación de instalaciones, destacando la implementación de una iluminación mixta de proyectores cenitales y a las obras de arte, y ambiental dirigida a la armadura.

FICHA TÉCNICA DEL PROYECTO

INTERVENCIÓN EN EL VESTÍBULO DE LA SALA DE RECTORES

Arquitecto: Pedro Salmerón Escobar

Dirección Facultativa: Diego Garzón Osuna (Arquitecto), Francisco Campos Fernández (Arquitecto Técnico), Manuel David López Corrales (Coord. SS)

Colaboradores técnicos:

Ingecart, Ingeniería. Asesor Instalaciones

Alejo de la Torre Reyes, Arquitecto. Apoyo gráfico

Ángel Rodríguez Aguilera, Asesor en Arqueología

Julia Rodríguez Aguilera, Asesora en fotogrametría

Rosa M. Pérez de la Torre, Historiadora del Arte

Contratista principal:

ACTUA Infraestructuras, S.L.

Jesús Mezcua Bautista, Jefe de obra

José Antonio Jaldo, Encargado

Subcontratas:

Albañilería y pavimentación: Jorme, S.L.

Carpintería de madera y estructural: LIGNUM

Estructura metálica: Talleres Mecánicos Ontiveros, S.A.

Impermeabilizaciones: Juan Pedro Garzón Fernández

Pulimentación suelos: Antonio Padilla Serrano

Andamios y apeos: Andamios Nevada, S.L.

Electricidad: Alberto Martín Álvarez

Climatización: Croma, Proyectos e Instalaciones

Pinturas: Pinturas Jaime

Restauración (adecuación cromática pavimento): Julia Ramos

Vidrios: La Veneciana - Glassolutions Saint Gobain

Ignifugado estructura metálica: Berbel-Porcel

Control de Calidad: LCCI

Línea de vida: Esal, Expertos en Seguridad y Altura, S.L.

Hormigones: Anfersa

Grúas y montacargas: Grúas Alhambra S.L. y Copmor, S.L.

Taladros: Perforaciones Motril

Pluviales de cobre: Canales Atarfe, S.L.

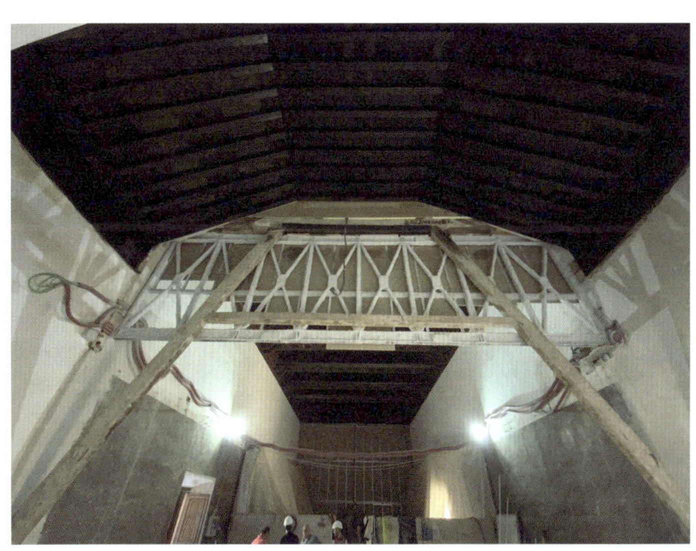

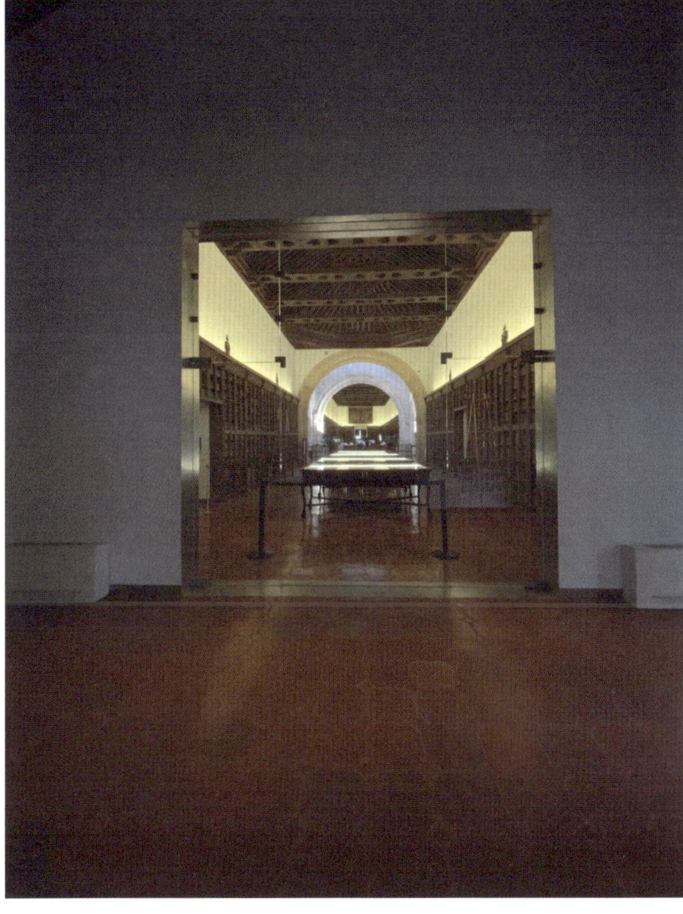

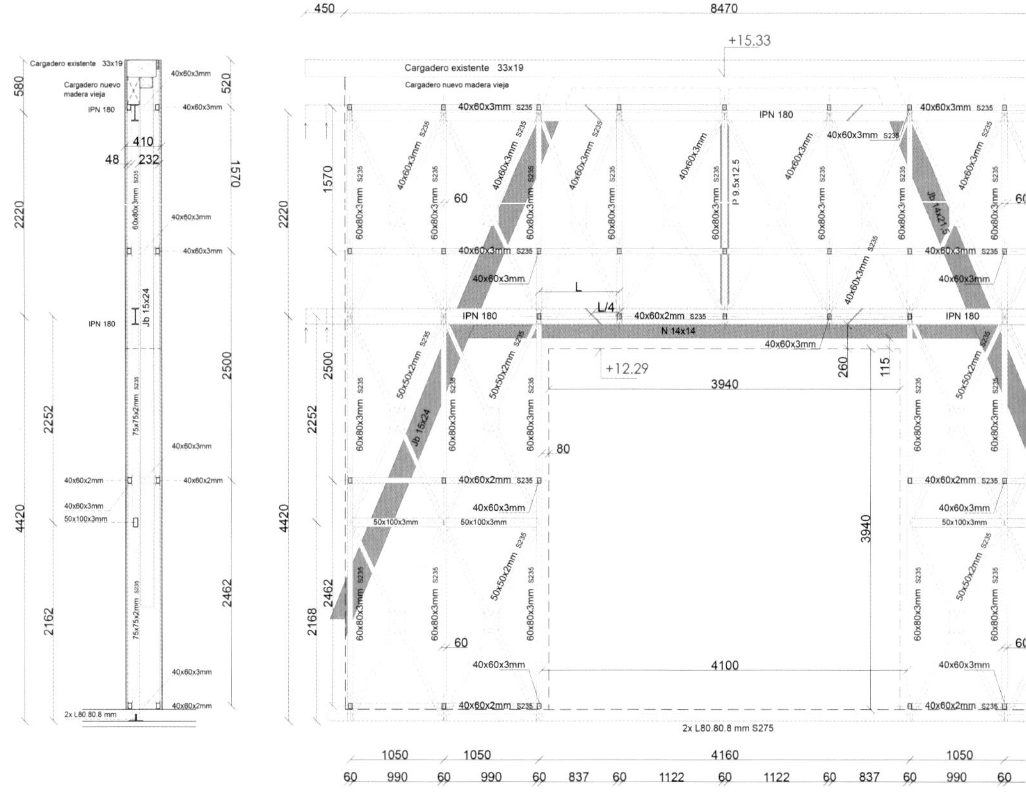

Plano de estructuras de la intervención

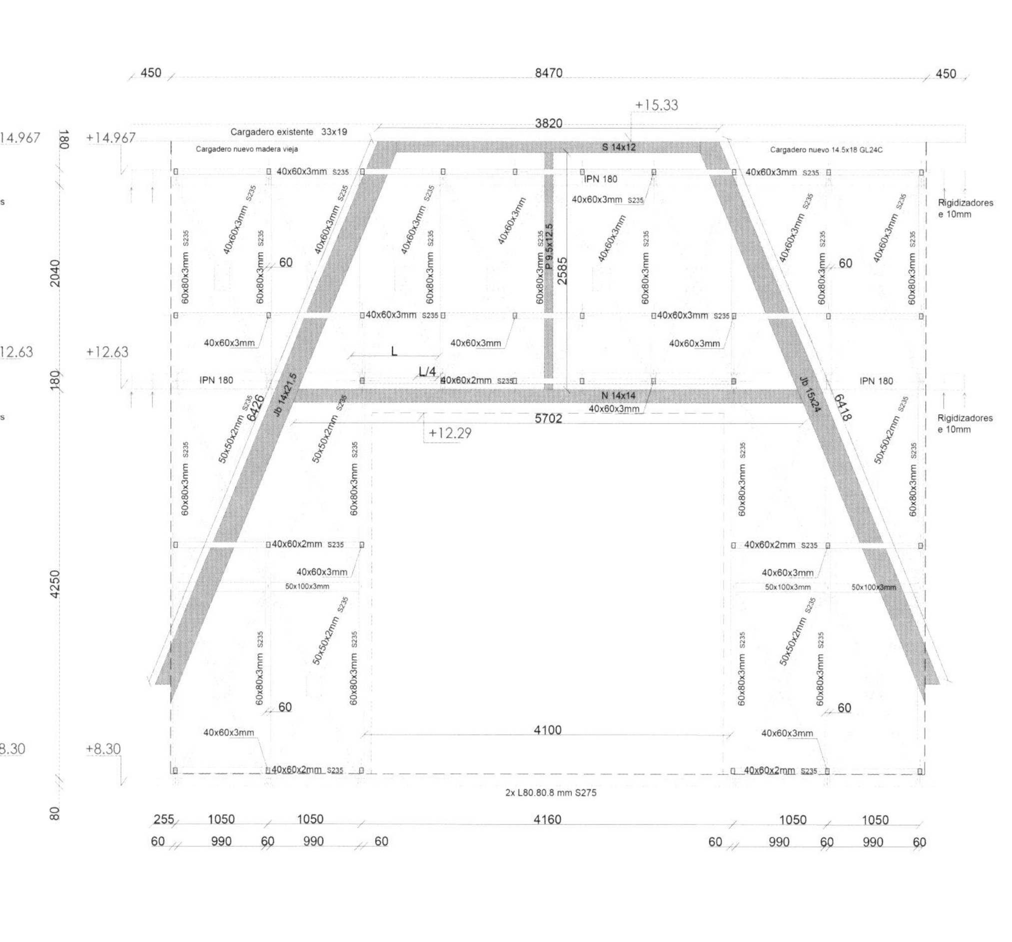
450
8470
450
+15.33
3820
+14.967
180
+14.967
Cargadero existente 33x19
Cargadero nuevo madera vieja
S 14x12
Cargadero nuevo 14.5x18 GL24C
40x60x3mm S235
40x60x3mm S235
IPN 180
Rigidizadores
e 10mm
40x60x3mm S235
40x60x3mm S235
2040
40x60x3mm S235
40x60x3mm S235
60x80x3mm S235
60x80x3mm S235
40x60x3mm S235
40x60x3mm S235
40x60x3mm S235
60x80x3mm S235
P 9.5x12.5
60x80x3mm S235
60x80x3mm
40x60x3mm
40x60x3mm
40x60x3mm S235
40x60x3mm S235
60x80x3mm
60x80x3mm S235
60x80x3mm S235
60
60
60x80x3mm S235
2585
40x60x3mm S235
40x60x3mm
40x60x3mm
40x60x3mm
+12.63
180
+12.63
L
L/4
40x60x2mm S235
IPN 180
Jb 14x21.5
6426
50x50x2mm S235
60x80x3mm S235
N 14x14
40x60x3mm
Jb 15x24
6418
IPN 180
Rigidizadores
e 10mm
5702
50x50x2mm S235
+12.29
50x50x2mm S235
60x80x3mm S235
4250
40x60x2mm S235
40x60x3mm
50x100x3mm
40x60x2mm S235
40x60x3mm
50x100x3mm
50x100x3mm
60x80x3mm S235
50x50x2mm S235
60x80x3mm S235
50x50x2mm S235
60x80x3mm S235
50x50x2mm S235
60
60
40x60x3mm
4100
40x60x3mm
+8.30
+8.30
40x60x2mm S235
40x60x2mm S235
80
2x L80.80.8 mm S275
255
1050
1050
4160
1050
1050
60
990
60
990
60
60
990
60
990
60

DESPLOME PARCIAL DE
LA FACHADA NOROESTE DE LA SALA DE CONVALECIENTES

Diego Garzón Osuna

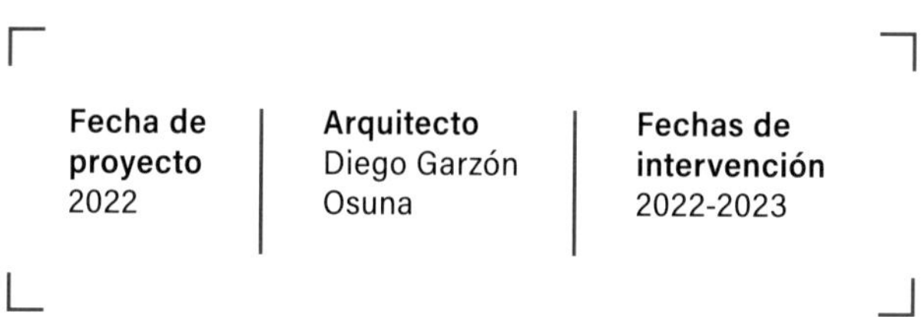

A raíz del enjambre sísmico acaecido en Granada a inicios del año 2021 aparecieron unas fisuraciones en el interior de la Sala de Convalecientes del Hospital Real. Amplia estancia en forma de L en el ángulo noroeste de este edificio del siglo XVI, provista de arcadas integradas en sus muros de fachada que se sitúa en la última planta. Elemento por tanto sujeto a una mayor deformación en caso de sismo. Las catas iniciales ofrecieron una primera interpretación en la que se justificaba el deterioro aparecido, por movimiento pendular de las columnas insertas en las arcadas de la sala. Un estudio en paralelo mediante escaneado de nube de puntos puso de relieve la situación de desequilibrio que experimentaba la fachada noroeste de esta sala, con un desplome hacia el exterior superior a 20 cms, hecho que comprometía gravemente su estabilidad.

Ante esta situación, la Universidad de Granada con fondos propios ha promovido una intervención de emergencia que ha tenido como objetivo el desmonte de la fachada de la sala, la consolidación de los elementos pétreos y su recolocación aplomada, recuperando la verticalidad. Para hacer esta tarea posible se ha instalado un andamiaje exterior e interior de estabilización, provisto de lastres, capaz de absorber empujes de presión o

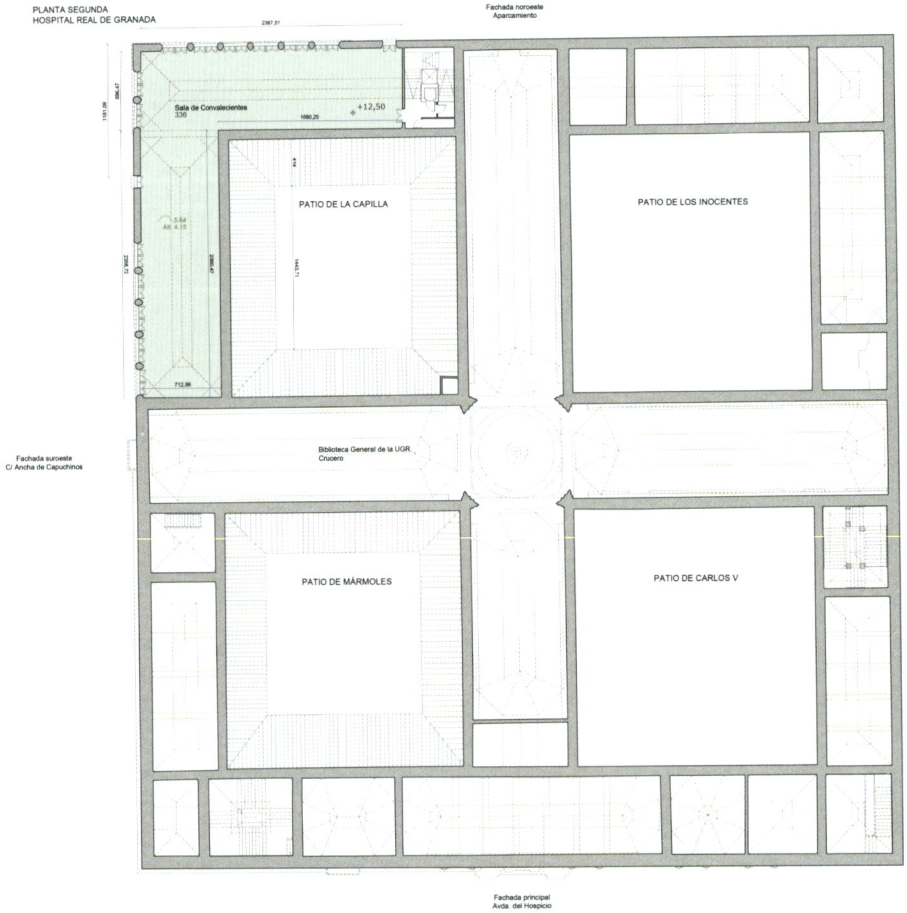

PLANTA SEGUNDA
HOSPITAL REAL DE GRANADA

Fachada noroeste
Aparcamiento

Sala de Convalecientes
336

+12,50

PATIO DE LA CAPILLA

PATIO DE LOS INOCENTES

Fachada suroeste
C/ Ancha de Capuchinos

Biblioteca General de la UGR.
Crucero

PATIO DE MÁRMOLES

PATIO DE CARLOS V

Fachada principal
Avda. del Hospicio

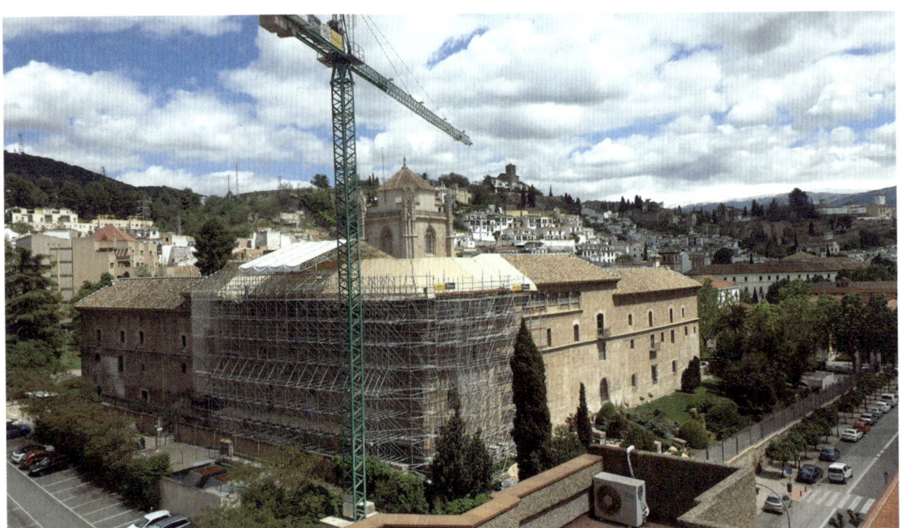

succión. Una vez controlado el desplome, se ha desarmado la armadura de madera de la cubierta, para posteriormente inventariar y desmontar cada una de las piezas de sillería de la fachada y arcadas insertas. Estudios de gammagrafías, resistencia de materiales y de ultrasonidos pusieron de relieve un deterioro muy notable de la piedra en su cara interior, ofreciendo una incapacidad mecánica de las columnas que afectaba al 50% de su proyección horizontal. La existencia de óxido de hierro en la superficie rosácea de la piedra fue un indicio que la analítica confirmó como el efecto producido por un incendio. Observando la historia material del edificio se conoce que en 1549 un incendio provocó notables daños en el Hospital Real, provocando la ruina de sus cubiertas y forjados, así como debilitando la piedra arenisca de sus muros. El estudio de fuentes documentales de la época atestigua este hecho. En consecuencia, la Sala de Convalecientes, espacio ventilado donde los enfermos culminaban su sanación, arrastraba desde el siglo XVI esta patología estructural con el desplome progresivo de su fachada hasta nuestros días. Circunstancia ocultada por las gruesas capas de revestimiento interior aplicadas con morteros de cemento en posguerra.

La ejecución de esta obra de emergencia responde a un amplio estudio de la estructura del edificio con la participación de Bureau Veritas, sobre la distribución del inmueble en esa esquina, sus elementos arriostrantes, capacidad mecánica de los materiales y construcción clásica. Estudio que se ha basado en una metodología basada en el conocimiento de las fuentes documentales, la analítica de materiales, los ensayos de laboratorio y las pruebas prediagnóstico. La suma de todos estos aspectos ha permitido formular las directrices necesarias para el desmonte de la fachada noroeste en su arcada de coronación, la recolocación aplomada, el cierre de la forma estructural de la crujía en su coronación mediante un encadenado (zuncho) y la recolocación de la armadura de cubierta, tratando que esta colabore, a través de sus tirantes en la estabilización del lienzo de fachada, al carecer esta contrafuertes o muros trasversales arriostrantes (como si sucede en las plantas inferiores).

La solución aplicada por tanto revierte la fachada afectada por el desplome a su situación original de equilibrio, tratando que en el futuro mantenga su estabilidad gracias al concurso de los tirantes de la armadura de madera. Elementos dimensionados a tal efecto, y fijados con tornillería al citado zuncho de coronación. Este zuncho se ha ejecutado sin establecer vínculos con los muros, para evitar efectos de sobretensiones indeseables a partir de sismos de intensidad media. Por tanto, trabajará a rozamiento, de igual manera de las armaduras de cubierta que rematan las naves basilicales en la arquitectura clásica.

Para hacer esto posible, ha sido necesario reforzar el muro paralelo a la fachada desplomada, el lindero con el patio de la Capilla, que a diferencia de los de fachada, es de tapial. Este refuerzo se ha realizado siguiendo una técnica de cosido trasversal y solidario a dos nuevas hojas exteriores de confinamiento provistas de un mallazo de basalto y acero inoxidable, embebido en un geomortero de revestimiento. De este modo, a este muro de tapial le confiamos una pequeña capacidad para absorber esfuerzos a cortante, necesaria para que los tirantes trabajen en la estabilización de la crujía, auxiliando a la fachada de sillería.

Cabe apuntar que estudiada en su conjunto la estructura del Hospital Real, su comportamiento es deficiente a partir de sismos de intensidad media, debido principalmente a su traza, formulada por grandes naves de escaso arriostramiento, carentes de contrafuertes. Cabe recordar que la aceleración sísmica de cálculo para la zona de Granada capital la establece el marco normativo actual en 0.23g, dato inalcanzable para esta fábrica del siglo XVI. La presencia de fallas de longitud media ha generado hasta la fecha temblores en la ciudad de intensidad media, esto explica que inmuebles como el que nos ocupa se han mantenido a lo largo de los siglos. A esto se añade la capacidad de sus materiales para deformarse y adaptarse a las nuevas condiciones de equilibrio.

Dicho esto, la actuación se ha completado con la consolidación de la piedra, tanto en la arcada noroeste desmontada, como en el resto de arcadas presentes en la sala de Convalecientes, en este caso lindando con la fachada suroeste (Triunfo). El motivo de estas actuaciones ha sido el notable deterioro que mostraba la piedra a consecuencia del incendio de 1549. Accidente devastador para el edificio que obligó a realizar una importante inversión con la que se reconstruyeron íntegramente las armaduras de las cubiertas, y se atendieron las fábricas de sillería en la fachada principal, patios y cimborrio, dejando orillada una intervención necesaria sobre las arquerías de la Sala de Convalecientes que ha degenerado hasta nuestros días en la situación de desequilibrio citada. Lo cierto es que los pilares que sostienen estas arcadas han presentado desplacada la mitad portante de sus fustes coincidiendo con su cara interior. Deterioro notable también detectado en las basas, capiteles y sotabancos (antepechos) presentes entre columnas. Ello ha precisado la colocación de prótesis solidarias, reemplazando la piedra dañada en ocho fustes, así como la sustitución de dos de ellos en la fachada noroeste, cuyas grietas de segregación profunda han impedido su puesta en servicio con las adecuadas garantías mecánicas de estabilidad. Apuntar que la fachada suroeste presentaba en sus columnas un desplome pequeño hacia el exterior de 0,65º a 0.96º que equivale a 3.5 y 5.14 cms respectivamente, motivo por el que no se han desmontado los lienzos, siendo intervenidas las columnas in situ mediante apeo integral.

La intervención ha permitido además recuperar las formas arquitectónicas interiores de la arcada, ofreciendo un espacio renovado de la Sala de Convalecientes donde estos vanos, columnas y arcos vuelven a ser protagonistas, una vez eliminadas las capas de revestimiento de mortero de

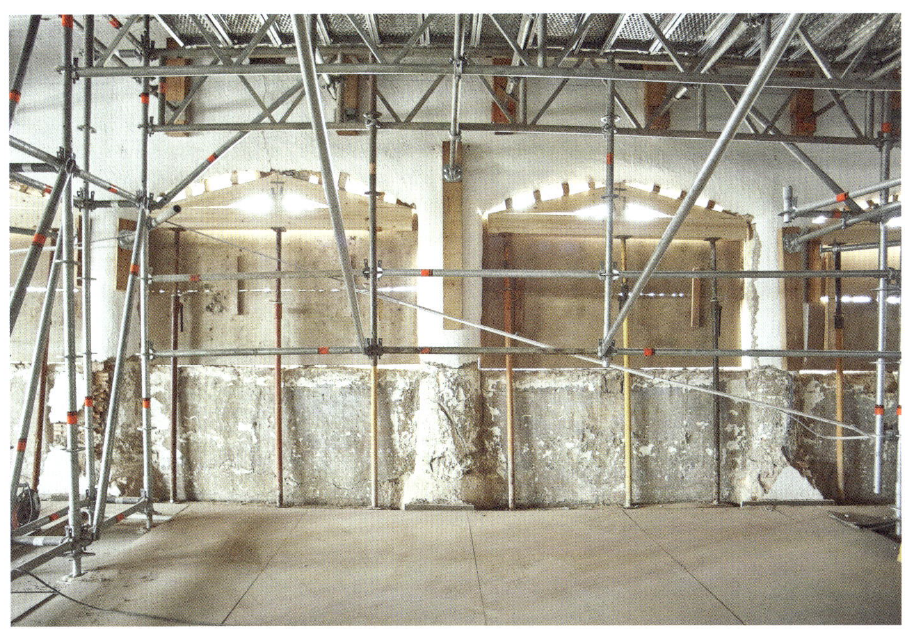

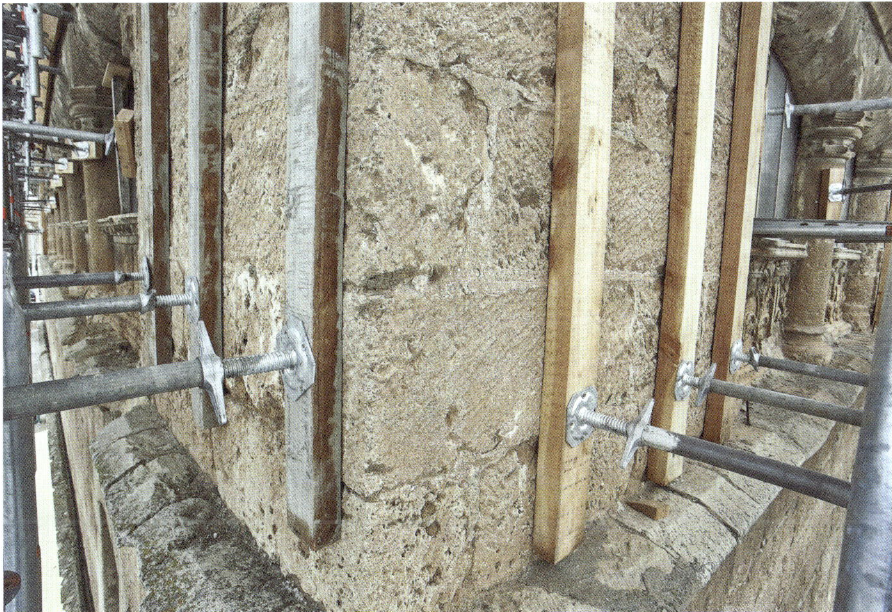

cemento y trasdosados de ladrillo que tratando de consolidar su deterioro, ocultaban sus formas deterioradas por el incendio de 1549. Junto a ello se ha recolocado carpinterías de madera, siguiendo la traza existente en el resto del edificio rescatando unos ventanales de madera y vidrio trasparente presentes a principios del siglo pasado, desmontados en 1962, sustituidos en 1978 por unas carpinterías de perfilería de hierro con vidrios esmerilados y emplomados, de diseño historicista.

Se ha completado la actuación con la consolidación del alfarje de madera que coincide con el techo de la escalera principal del Patio de la Capilla, así como una profunda renovación de las instalaciones evitando trazados por las fachadas de sillería o muros interiores de tapial, optando por nuevos caminos menos lesivos integrados en las armaduras de cubierta y bajo el pavimento pétreo de Sierra Elvira (renovado en su totalidad en 1978). De este modo, la Universidad de Granada atendiendo a la correcta conservación de este monumento, ha corregido una importante deficiencia estructural arrastrada desde la mitad del siglo XVI. Problemática conocida durante la rehabilitación del inmueble en posguerra que tampoco fue atendida, debido a las múltiples carencias que ofrecía el edificio en otras áreas.

FICHA TÉCNICA DEL PROYECTO

DESPLOME PARCIAL DE LA FACHADA NOROESTE DE LA SALA DE CONVALECIENTES

Dirección Facultativa:

Diego Garzón Osuna, Arquitecto Director y redactor del Informe Inicial y Final

Francisco Campos Fernández, Arq. Técnico

Manuel David López Corrales, Coord. SS

Colaboradores técnicos:

Bureau Veritas, Miguel Azcona Colmenero. Asesor estructuras

Ingecart, Ingeniería. Asesor Instalaciones

Alejo de la Torre Reyes, Arquitecto. Apoyo gráfico

Mónica Puga Bonilla, Arq. Técnica. Apoyo gráfico

Ángel Rodríguez Aguilera, Asesor en Arqueología

Carmen Jódar Hódar, Asesora en Arqueología

Julia Rodríguez Aguilera, Asesora en fotogrametría

Nieves Jiménez Díaz, Historiadora del Arte

Rosa M. Pérez de la Torre, Historiadora del Arte

José Moreno, BIMnD, Escáner láser 3d

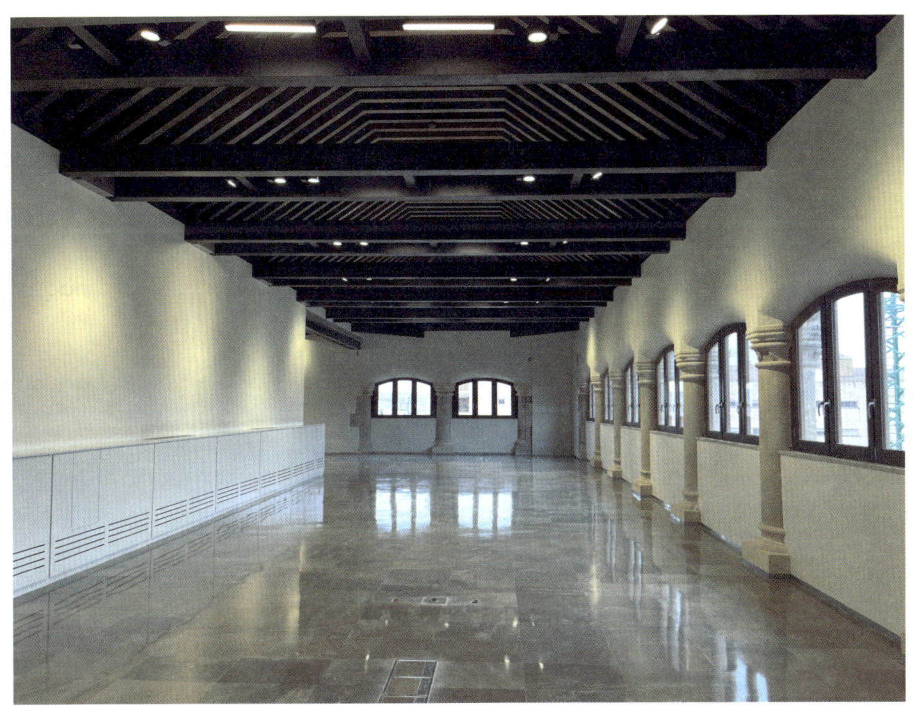

Contratista principal:

Dávila, Restauración de Monumentos

Enrique Jurado Casas, Jefe de Obra

Francisco M. García Fabre, Encargado

Subcontratas:

Julia Ramos Restauración S.L.

Julia Ramos, Restauradora

Lidia Cepero, Restauradora

Cantería: Francisco Aguilera (Porcuna, Jaén)

Estucador: Bernardo Romero León (Écija, Sevilla)

Andamios: Layher

Pulimento: Pulisur, Pablo Jesús Fajardo Arellanos

Instalaciones:

Climatización: Croma, Proyectos e Instalaciones

Iluminación: Tecnilum, Jesús García

Electricidad: Evolt

Vidrios: Puente Verde

Carpintería de madera: Antonio Arroyo (Peñuelas, Granada)

Carpintería metálica: Multiservicios Rubio y Barros

Aislamientos: Almadaza Granada

Analítica de materiales y control de calidad:

Tesela

LCCI

SGS

Periplos TAC, topografía

PATIO DE LOS MÁRMOLES DEL HOSPITAL REAL DE GRANADA

Ricardo Hernández Soriano y Loreto Corisco González

Fecha de Memoria valorada
2023

Arquitecto
Ricardo Hernández Soriano

Solicitada cofinanciación por el Ministerio de Transportes, Movilidad y Agenda Urbana mediante el programa del 2% Cultural para la conservación o enriquecimiento de bienes inmuebles del Patrimonio Histórico Español.

El patio de los Mármoles del Hospital Real constituye un ejemplo de la evolución permanente que enriquece la lectura de los grandes conjuntos patrimoniales desde el inicio de su construcción en el siglo XVI hasta la intervención posterior del siglo XX, cuando se completó su geometría con la galería que elevó Francisco Prieto Moreno siendo arquitecto del Ministerio de Educación Nacional.

Con el fin de atender la problemática generada por el mal estado de conservación del patio de los Mármoles se plantea su restauración integral para complementar las intervenciones previstas sobre la cubierta del patio en el proyecto tramitado en abril de 2018. Se actuará sobre los elementos pétreos -tanto arcadas, balaustradas y elementos decorativos como portadas de sillería-, sobre los artesonados planos que conforman el techo de la galería inferior y sobre el pavimento de la planta baja.

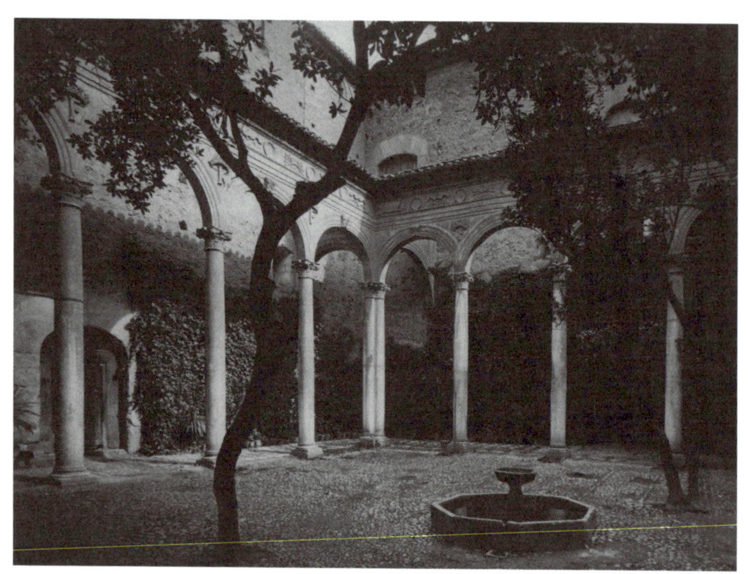

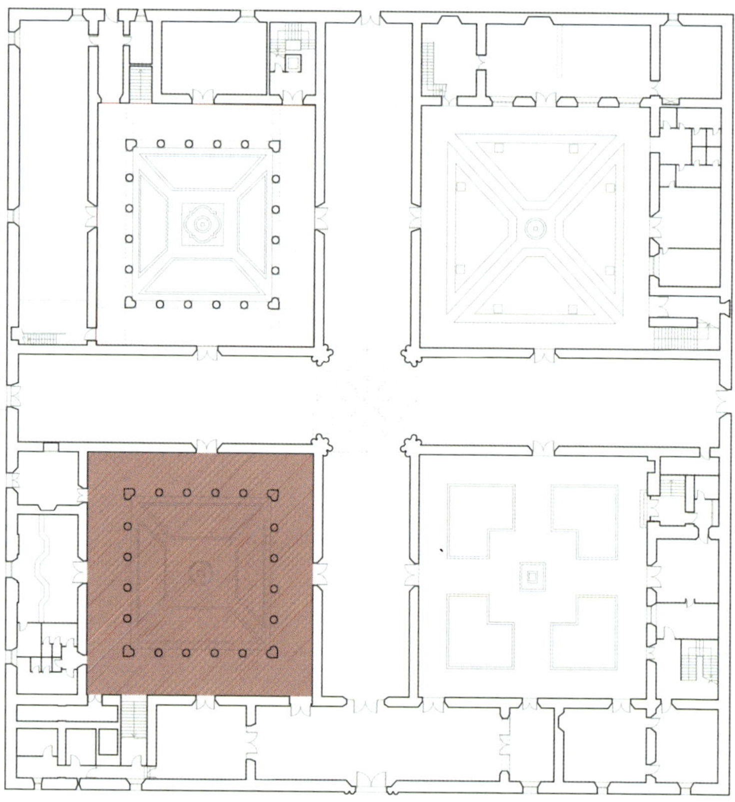

Planta baja del Hospital Real.
Localización del Patio de los Mármoles

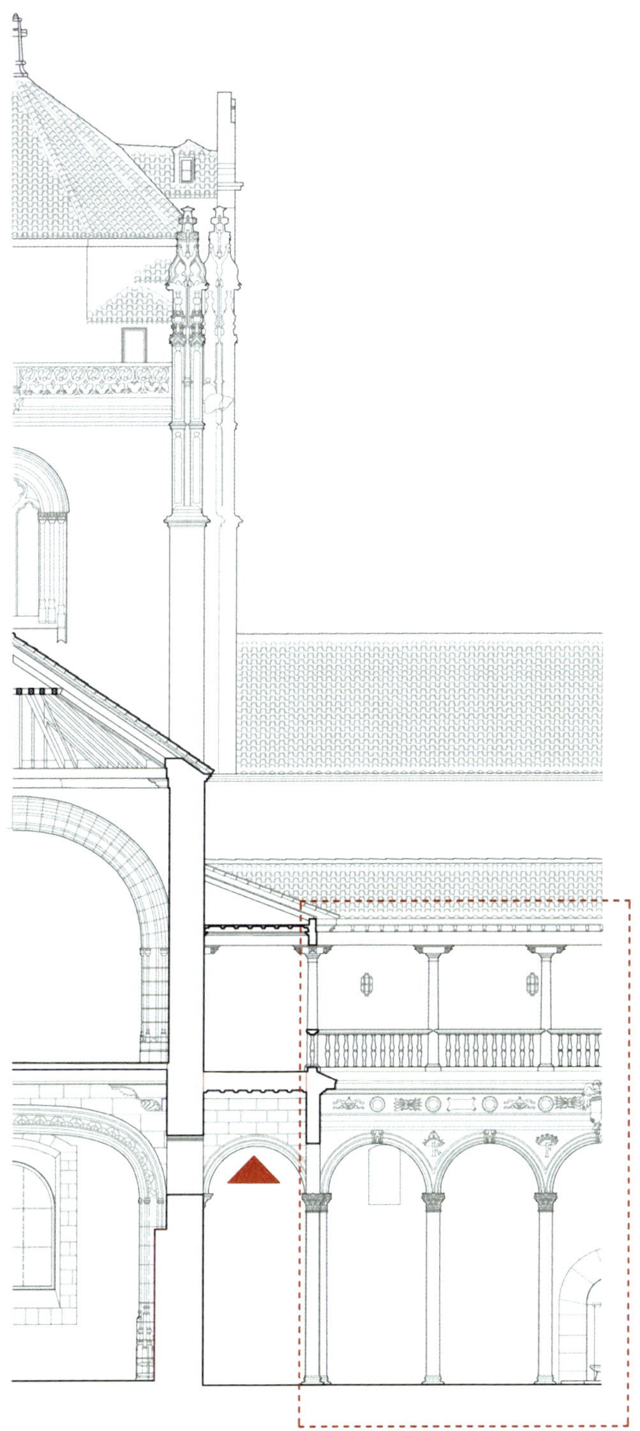

Localización del ámbito de actuación en la sección del patio

El proyecto ha sido redactado desde el Área de Patrimonio de la Universidad y propone poner en valor tanto los componentes constructivos que conforman el patio como su memoria histórica con una intervención conservadora que permita reconocer todos los recursos simbólicos y decorativos empleados a lo largo del tiempo.

La grandiosidad del estilo renacentista del Hospital Real encuentra su máximo esplendor en el patio de los Mármoles. En 1526, Martín Bolívar, discípulo de Diego de Siloé, inició las obras que introducían los elementos clasicistas en la estructura gótica del Hospital Real. Se levantó la galería del primer piso sobre esbeltas columnas con cinco arcos de medio punto en cada frente y con capiteles de estilo corintio complejamente labrados. En una magistral labor de ornamentación, se esculpieron motivos heráldicos con escudos y el yugo y las flechas en el friso, así como las iniciales de los Reyes Católicos en las enjutas que hacían del patio el más decorado del monumento. Esta intervención quedó inacabada por el incendio acaecido en 1549, tras el que el patio de los Mármoles pervivió con una imagen inconclusa hasta que en los años setenta del siglo pasado, Francisco Pietro Moreno retomó las obras realizando una interpretación del proyecto primigenio de las galerías del patio. En 1969, el arquitecto planteó una intervención parcial sobre la galería existente que completaba el segundo nivel mediante forjado de viguetas prefabricadas de hormigón y bovedillas bajo capa de compresión. Por motivos presupuestarios, hasta 1972 no se ejecutaron los cuatro suelos de las galerías tras lo que se completó el segundo piso con pórticos de columnas toscanas de piedra y entablamento de madera. En una fase posterior se remató la galería superior mediante la construcción del techo a base de vigas y tablazón de madera formando un acasetonado, así como con la ejecución de la cornisa mediante el forrado del perfil metálico que forma el arquitrabe sobre las columnas y las zapatas molduradas en madera de pino.

La superposición de formas arquitectónicas genera una interesante composición de estratos pertenecientes a distintas épocas históricas debido a la construcción pausada a lo largo del tiempo. En el patio de los Mármoles prevalece una riqueza del clasicismo italiano impregnado por la cultura del contexto y en el que destaca un riguroso cuidado por las proporciones. Un monumental claustro que consigue que un edificio civil que da cobijo a enfermos y pobres sea una muestra representativa de elegancia y equilibro dentro del renacimiento español.

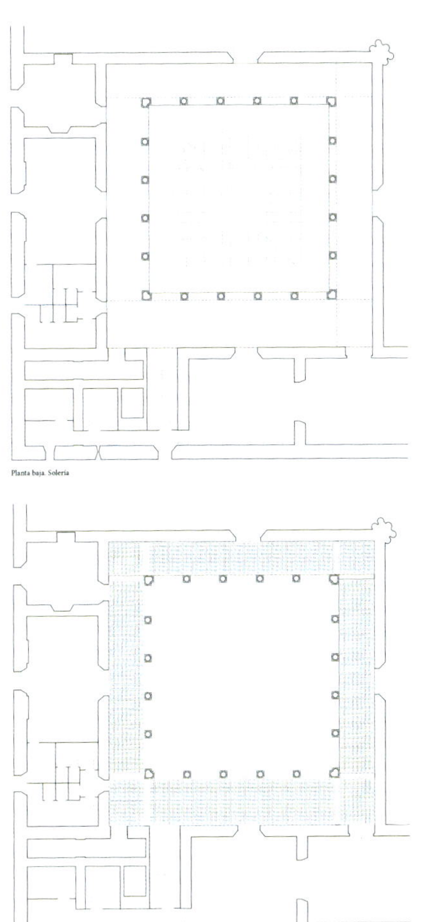

Planta baja. Solería

Planta baja. Artesonado superior

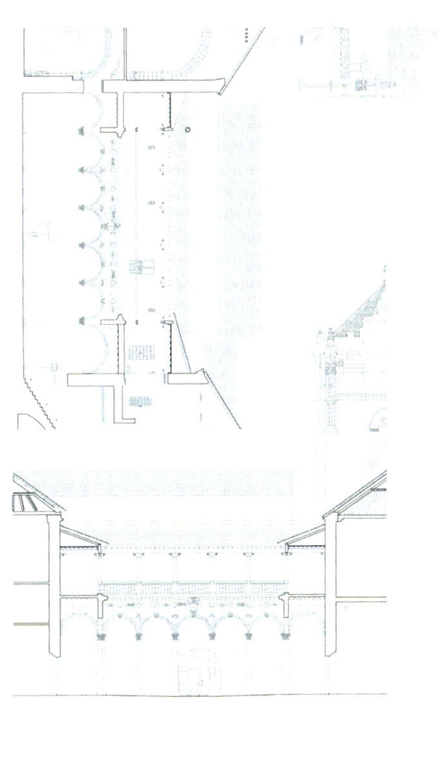

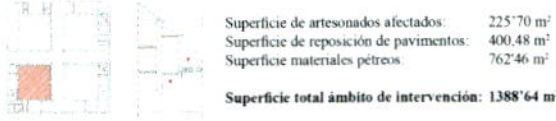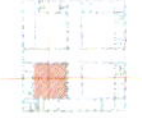

Superficie de artesonados afectados: 225'70 m²
Superficie de reposición de pavimentos: 400.48 m²
Superficie materiales pétreos 762'46 m²

Superficie total ámbito de intervención: 1388'64 m²

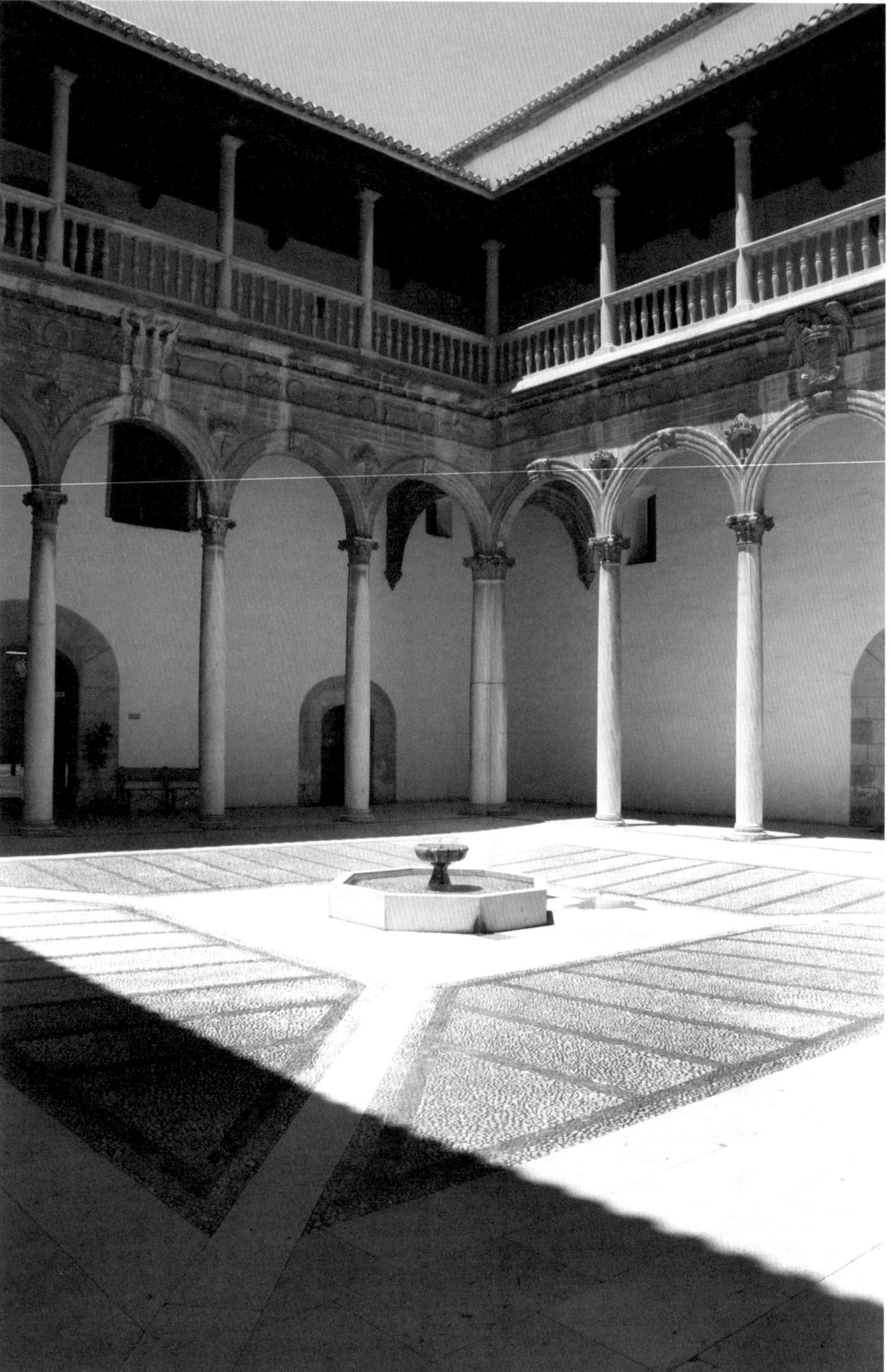

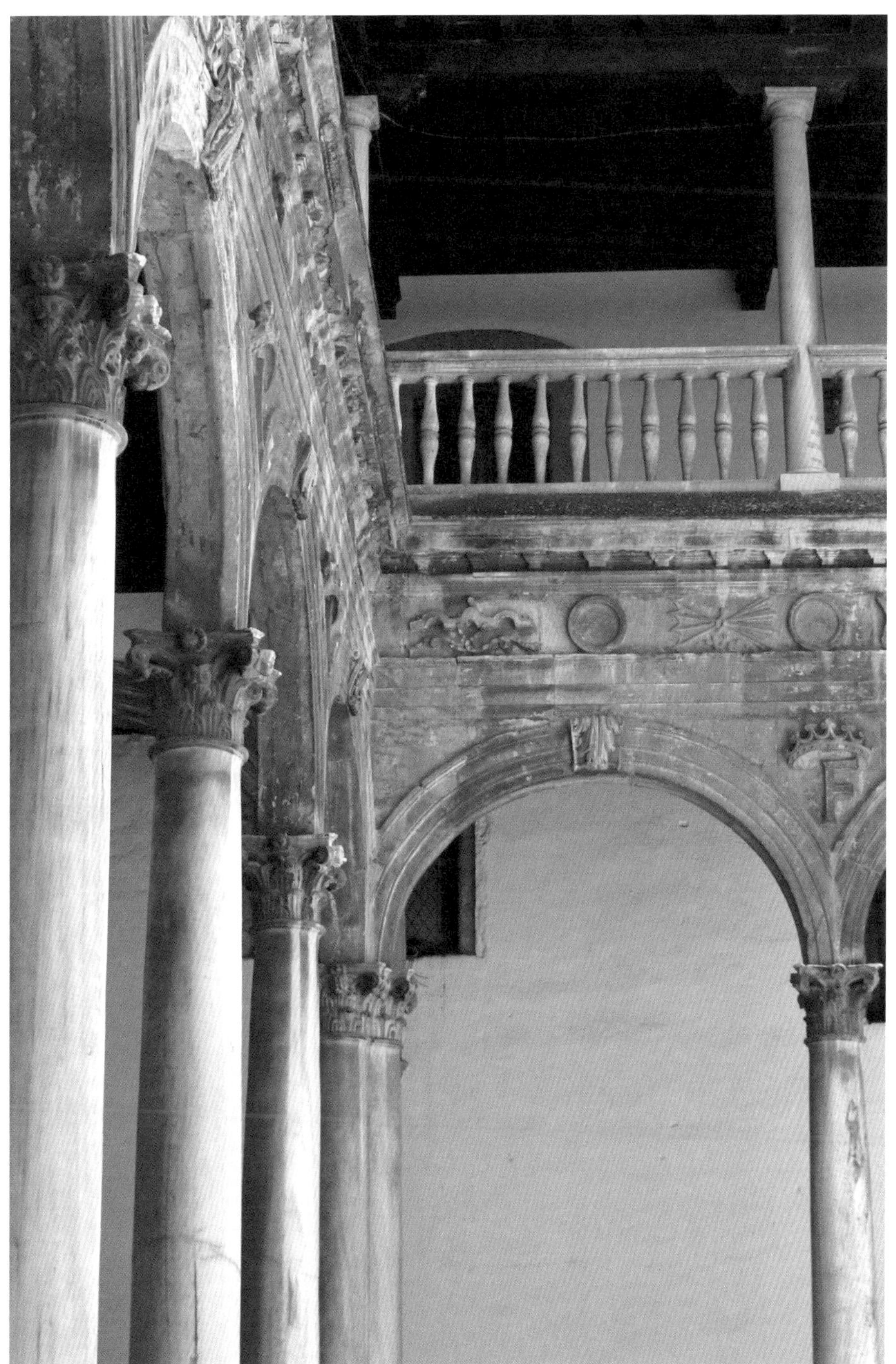

AZUCARERA DE SAN ISIDRO. CAMPUS UGR_SOSTENIBILIDAD

Juan Domingo Santos

La Universidad de Granada tiene entre sus objetivos la expansión de sus instalaciones en espacios de la ciudad con programas de extensión universitaria y otros relacionados con la investigación, la innovación y la transferencia empresarial que reviertan en la economía local y de la región.

De acuerdo a esta política, la Universidad adquirió en diciembre de 2021 la azucarera de San Isidro, un conjunto industrial de finales del siglo XIX declarado Bien de Interés Cultural situado en terrenos urbanos limítrofes con la Vega. El reto a corto y medio plazo será recuperar este espacio industrial convertido en un campus ecológico y sostenible (Campus Ugr_Sostenibilidad) con un centro privilegiado de innovación medioambiental de los proyectos Life Watch y los relacionados con la iniciativa europea Green Deal que promueva la formación y la investigación de los sectores productivos relacionados con la agricultura y la industria agroalimentaria, el medioambiente, la ecología urbana, el clima y las energías limpias y renovables. El proyecto se completa con programas de extensión universitaria destinados a la dotación de servicios, espacios culturales, equipamientos y otros de proximidad relacionados con la Vega y la industria, junto a un eco barrio residencial para investigadores y empresas del campus. Todo ello conforme a las expectativas de una sociedad más ecológica, sensibilizada con los problemas medioambientales, el paisaje y el patrimonio.

El conjunto de la azucarera formará parte de un parque paisajístico metropolitano que conectará la Vega con la red de parques de la ciudad

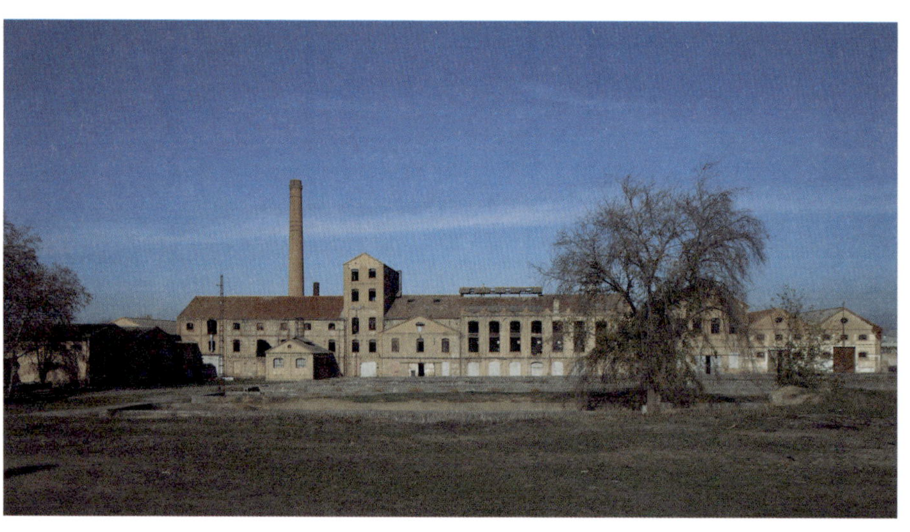

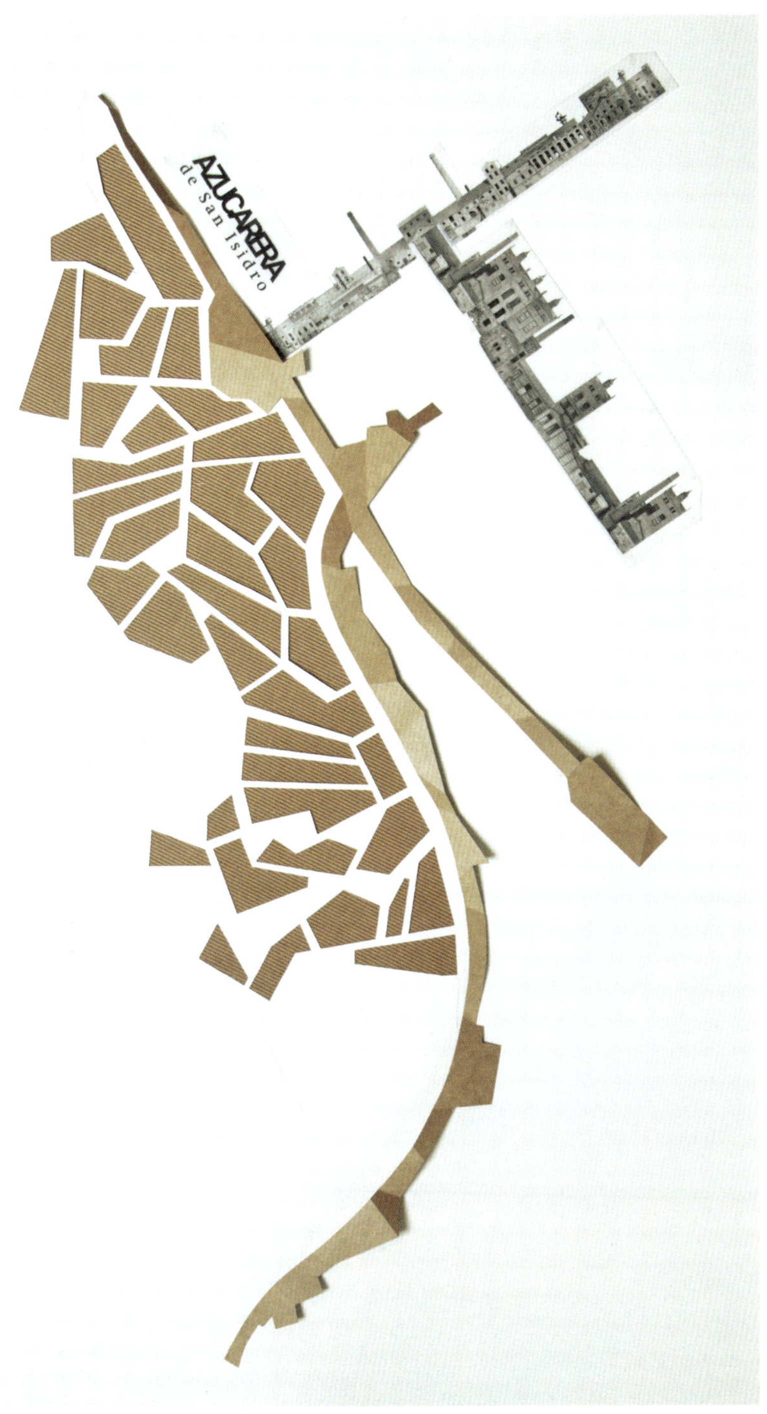

Propuesta de corredor verde-parque de conexión entre la estación
de autobuses y la azucarera de San Isidro

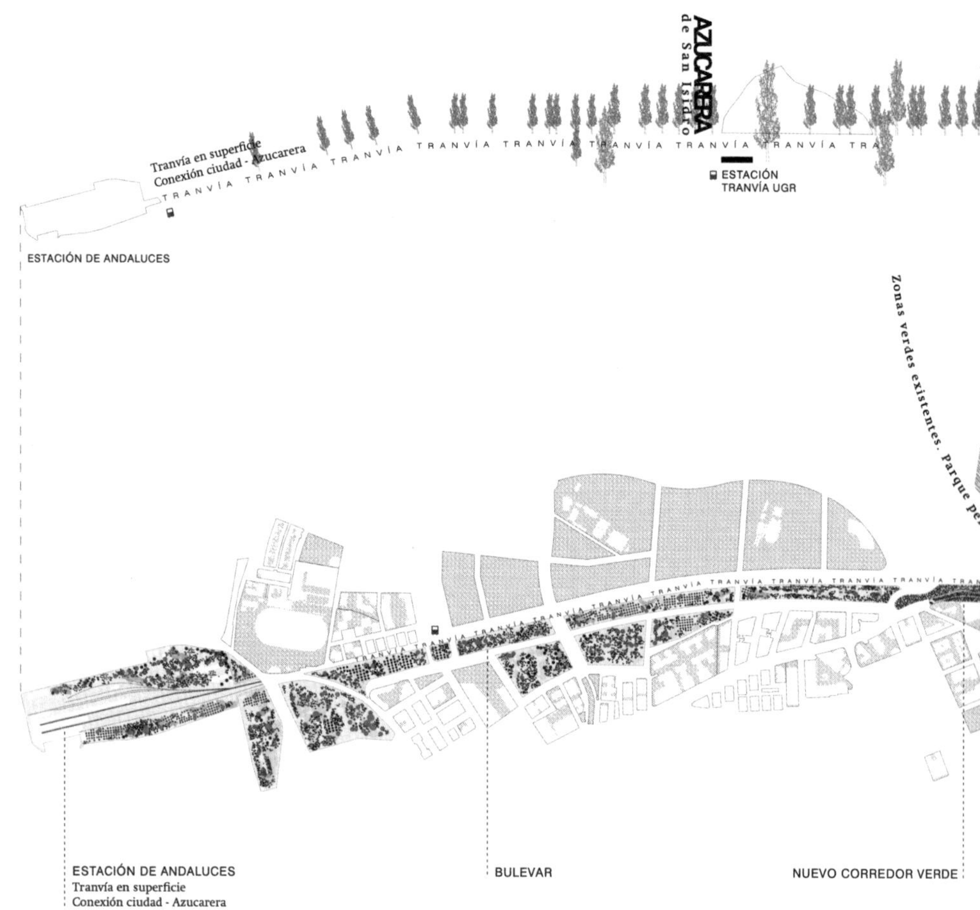

AZUCARERA de San Isidro
Tranvía en superficie
Conexión ciudad - Azucarera
TRANVÍA TRANVÍA TRANVÍA TRANVÍA TRANVÍA TRANVÍA TRANVÍA TRA
ESTACIÓN TRANVÍA UGR
ESTACIÓN DE ANDALUCES
Zonas verdes existentes. Parque per
TRANVÍA TRANVÍA TRANVÍA TRANVÍA TRANVÍA TRAN
ESTACIÓN DE ANDALUCES
Tranvía en superficie
Conexión ciudad - Azucarera
BULEVAR
NUEVO CORREDOR VERDE
PA

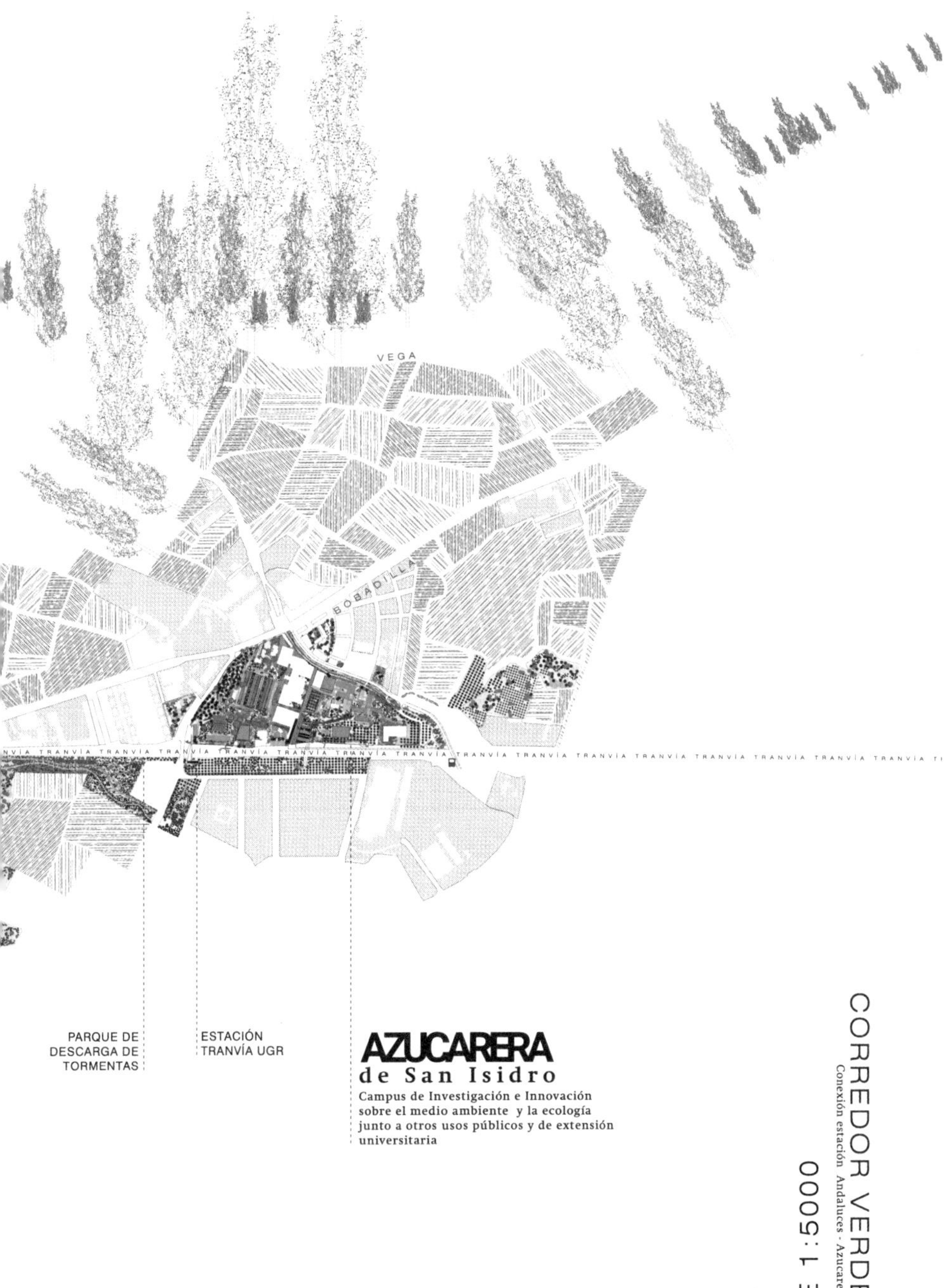

AZUCARERA
de San Isidro
Campus de Investigación e Innovación sobre el medio ambiente y la ecología junto a otros usos públicos y de extensión universitaria

UE ECOLÓGICO Y PAISAJÍSTICO

Abierto a la ciudadanía

PROYECTO DE INVESTIGACIÓN
"AZUCARERA DE SAN ISIDRO.
RECUPERACIÓN DE UN BIEN DE INTERÉS CULTURAL PARA DESARROLLO DE UN MODELO DE CIUDAD SOSTENIBLE"
UNIVERSIDAD DE GRANADA (Referencia UGR20-03)

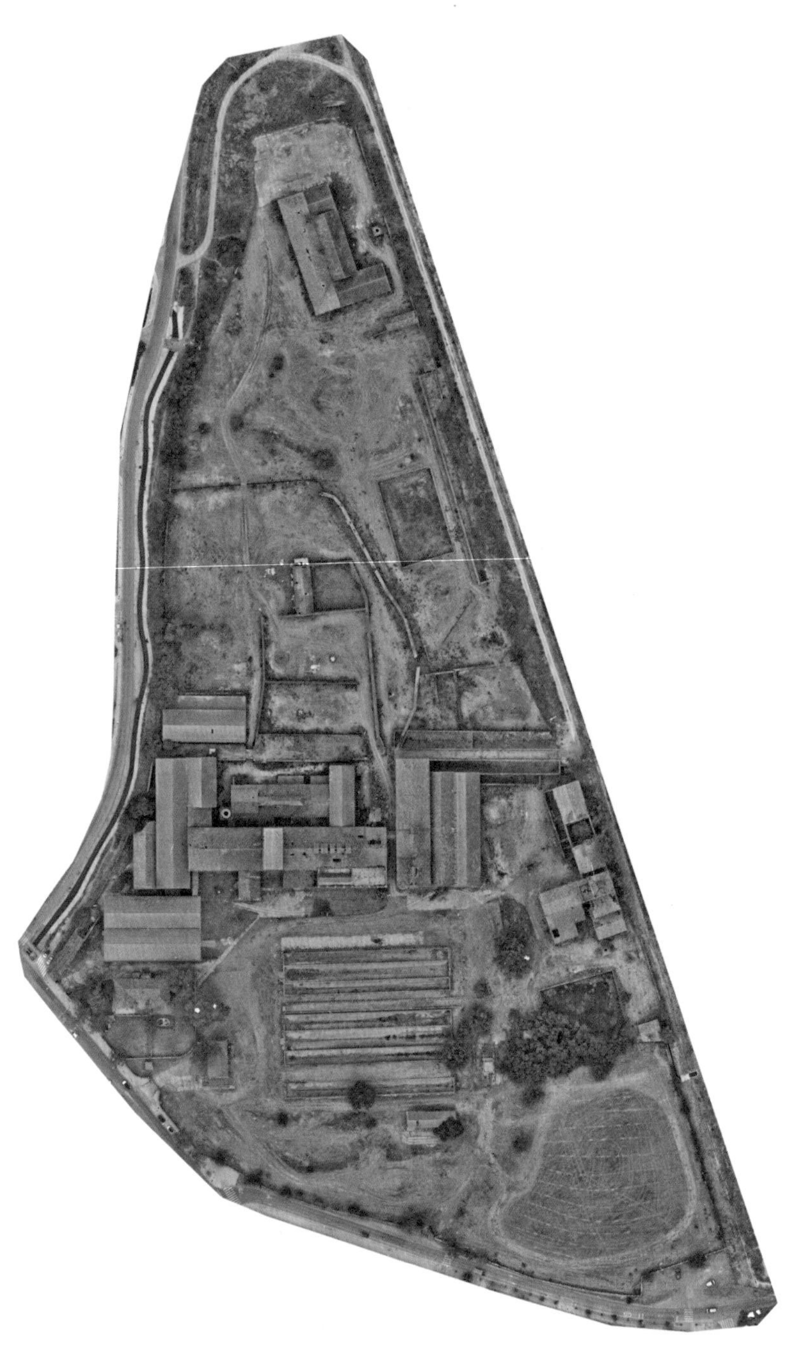

LEVANTAMIENTO ORTOFOTOGRÁFICO DEL ESTADO ACTUAL (2022)
Azucarera de San Isidro
PROYECTO DE INVESTIGACIÓN
"AZUCARERA DE SAN ISIDRO.
RECUPERACIÓN DE UN BIEN DE INTERÉS CULTURAL PARA DESARROLLO DE UN MODELO DE CIUDAD SOSTENIBLE"
UNIVERSIDAD DE GRANADA (Referencia UGR20-03)

de Granada a través de un corredor verde con sistemas de movilidad no contaminantes. La Universidad de Granada aspira con las actividades en este nuevo recinto y en el parque a mejorar el bienestar social de la comunidad universitaria y de la ciudadanía, educar en la concienciación del medioambiente y preservar un patrimonio industrial de primer orden y su paisaje conforme a las directrices de la Unión Europea y la agenda 2030 de la Naciones Unidas.

La recuperación de este patrimonio y la implantación y desarrollo de los programas están concebidos dentro de los principios de intervención de la ciudad sostenible e inteligente (smartcity), cuyas áreas de prioridad están enfocadas a los usuarios, al entorno y a los edificios, con un diseño realizado a partir de los recursos del medio, el respeto por las preexistencias arquitectónicas, las infraestructuras y el paisaje, con una gestión energética y ambiental sostenible, y la incorporación de nuevas tecnologías que mejoren la calidad de vida de sus habitantes. La recuperación supondrá también la mejora del entorno de la azucarera y su paisaje, así como la regeneración urbana, social y económica del barrio de la Bobadilla, favoreciendo un desarrollo urbano en un ámbito, en la actualidad, muy desestructurado urbanísticamente.

Este modelo de desarrollo para la azucarera debe entenderse dentro de las circunstancias actuales y el panorama bajo el que nace su futuro: la revisión de un planeamiento urbanístico con un proyecto de crecimiento de ciudad vinculado con la Vega y la incorporación de una nueva red de infraestructuras verdes, las expectativas de una comunidad universitaria integrada por más de 70.000 personas, una universidad con un fuerte compromiso con la ciudad y con voluntad de contribuir al bien común y a la mejora del medio, y un complejo industrial de un alto valor patrimonial y paisajístico emplazado entre la fértil Vega granadina y la ciudad. Esta política de regeneración urbana y de recuperación de un patrimonio moderno de la ciudad de Granada forma parte de una serie de actuaciones emprendidas por la Universidad de Granada con motivo del V centenario de su fundación en 1531 por el emperador Carlos V. La recuperación de la azucarera de San Isidro se integra dentro de una serie de patrimonios BIC de la universidad que enriquecerán su legado patrimonial y cultural en una ciudad patrimonio de la humanidad que aspira a ser capital europea de la cultura en el año 2031.

El conjunto industrial cuenta con una superficie de parcela de 87.958 m2 y cerca de 20.000 m2 de superficie construida de naves. Está formado por el ingenio de San Juan (1882-1904) –la primera fábrica de azúcar de remolacha de España–, y la azucarera de San Isidro (1901-1984). En la actualidad, a excepción de la maquinaria de la que no queda rastro alguno en el conjunto industrial, el recinto conserva la casi totalidad de las edificaciones e infraestructuras que lo integraban en el momento de su cierre tras la última campaña del año 1983-1984, así como el arbolado, pavimentos, estanques, ramales de agua y acequias que continúan presentes como lo hicieron en vida de la azucarera. Salvo algunas naves y edificaciones complementarias, el conjunto de construcciones que formaban el complejo industrial de San Juan y de San Isidro ha permanecido en pie aún a pesar de los numerosos expolios y el abandono tras el cierre de la fábrica. El objetivo de la Universidad de Granada es preservar este espacio patrimonial y desarrollar un modelo de intervención que permita establecer continuidad entre el paisaje agrícola-industrial y el contexto urbano a través de los recursos del medio y la reutilización de las construcciones e infraestructuras existentes.

El desarrollo futuro de la azucarera de San Isidro se ha abordado a través de un proyecto de investigación aplicada y multidisciplinar de la Universidad de Granada bajo el título "Azucarera de S. Isidro. Recuperación de un Bien de Interés Cultural para desarrollo de un modelo de ciudad sostenible Smartcity" (Referencia UGR20-03). El resultado de la investigación ha sido un plan estratégico de actuación (master plan) que incluye los modelos de gestión y financiación para su puesta en marcha y funcionamiento y que se desarrolla de acuerdo a los siguientes objetivos:

- Concebir el futuro desarrollo de la azucarera como una ciudad dentro de una ciudad. Un recinto de usos mixtos donde se relacione la historia, el paisaje, el conocimiento y la ecología para mejorar la calidad de vida común y el bienestar de la ciudadanía y de la comunidad universitaria.

- Recuperar el conjunto industrial de la azucarera y su entorno a partir de las propias condiciones históricas del lugar con programas de investigación y otros de extensión universitaria derivados de la agricultura, la industria y el medioambiente.

- Regenerar un ámbito muy desestructurado urbanísticamente, con programas y servicios que mejoren las condiciones de vida del barrio de la Bobadilla y del entorno. La intervención incluirá el desarrollo de un eco barrio residencial vinculado a la investigación que favorezca la vida permanente en el conjunto industrial con edificaciones de nueva planta dedicadas a modelos innovadores coliving para residir y trabajar.

- Concebir un parque paisajístico, ecológico, metropolitano y de proximidad conectado con nuevos sistemas verdes y con la Vega de Granada. El parque actuará como regulador ambiental con funciones hidráulicas,

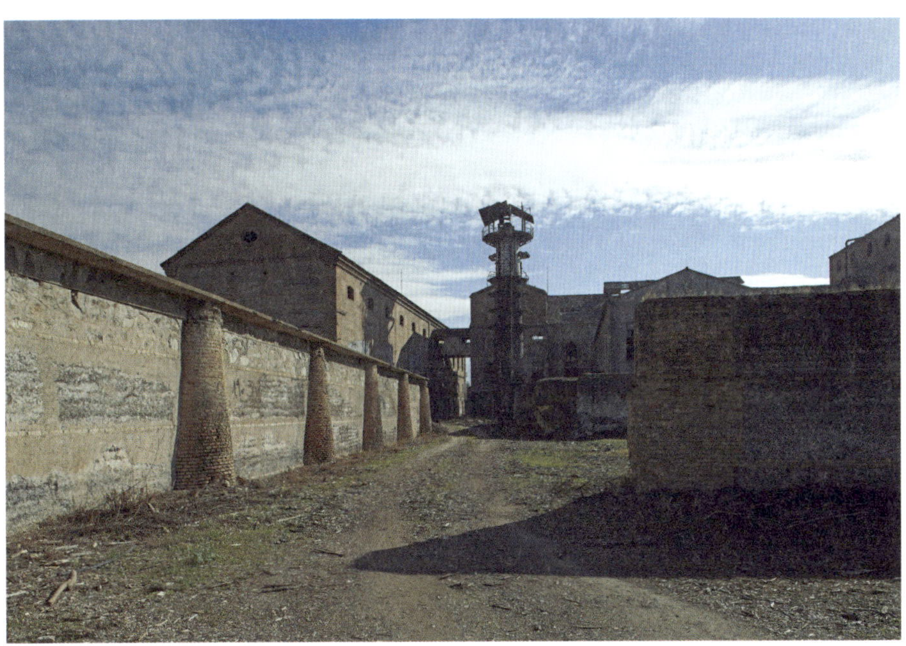

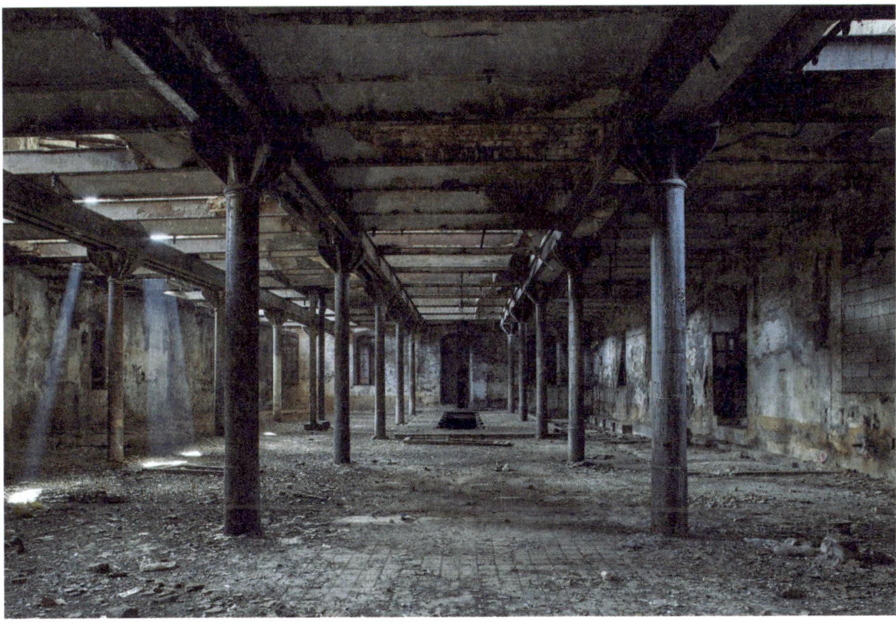

ecológicas, energéticas y sociales, al mismo tiempo que laboratorio experimental de energías, y pondrá en relación la azucarera con la Vega y con los parques metropolitanos de la ciudad mediante un corredor verde.

-        Incorporar soluciones de producción energética ecológicas e integradas con las características de este paisaje basadas en la geotermia profunda y en la energía solar que garanticen una producción energética limpia y sostenible para el futuro, con soluciones de producción y gestión a coste nulo.

El plan estratégico de actuación con los nuevos usos permitirá recuperar el conjunto industrial y las infraestructuras de manera respetuosa con soluciones integradas y acordes a los valores de este patrimonio y su paisaje. Los estudios realizados han puesto de manifiesto la importancia de actuar con una alta calidad arquitectónica y paisajística, y acometer las intervenciones por fases empleando soluciones ecológicas y sostenibles en el tiempo.

FICHA TÉCNICA DEL PROYECTO

AZUCARERA DE SAN ISIDRO. CAMPUS UGR_SOSTENIBILIDAD

Proyecto de Investigación: "AZUCARERA DE SAN ISIDRO. RECUPERACIÓN DE UN BIEN DE INTERÉS CULTURAL

PARA DESARROLLO DE UN MODELO DE CIUDAD SOSTENIBLE". UNIVERSIDAD DE GRANADA (Referencia UGR20-03)

Convocatoria de 2020 para la concesión de subvenciones en régimen de concurrencia competitiva, destinadas a Universidades Públicas Andaluzas para el desarrollo de proyectos de investigación en las materias de vivienda, rehabilitación y arquitectura. Secretaría General de Vivienda. Consejería de Fomento, Infraestructuras y Ordenación del Territorio. JUNTA DE ANDALUCÍA

Director del proyecto: Juan Domingo Santos

Miembros del proyecto: Ángel Isac Martínez de Carvajal (IP de la investigación), Juan Domingo Santos (coordinador), Carmen Moreno Álvarez, Carlos Baztán Lacasa, Julián Sobrino Simal, Ricardo Hernández Soriano, Ana Isabel Rodríguez Aguilera, Juan Serrano García, Fernando Osuna Pérez, Agustín Castillo Martínez, María del Mar Villafranca Jiménez, Antonio Manuel Montufo Martín, Tomás García Píriz, Roser Martínez Ramos e Iruela, Alicia del Carmen Ruiz Molina, José Miguel Azañón Hernández, Enrique Olmedo Rojas, José Castillo Ruiz, Miguel Ángel Álvarez Areces, Enrique Herrera Viedma

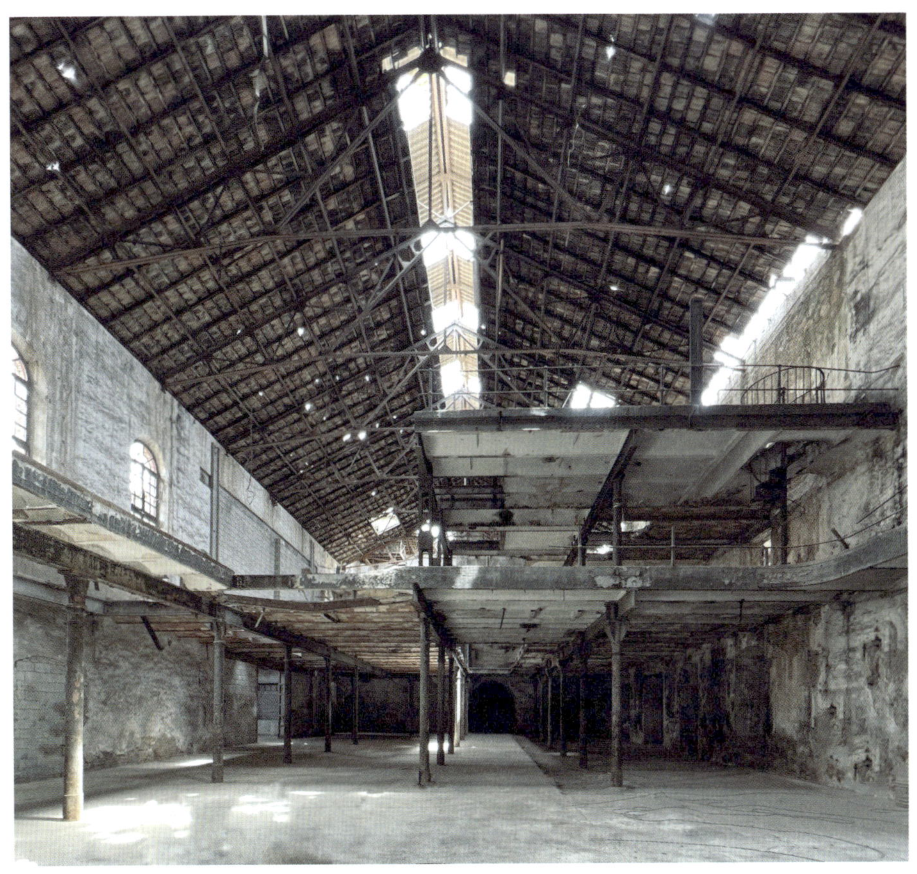

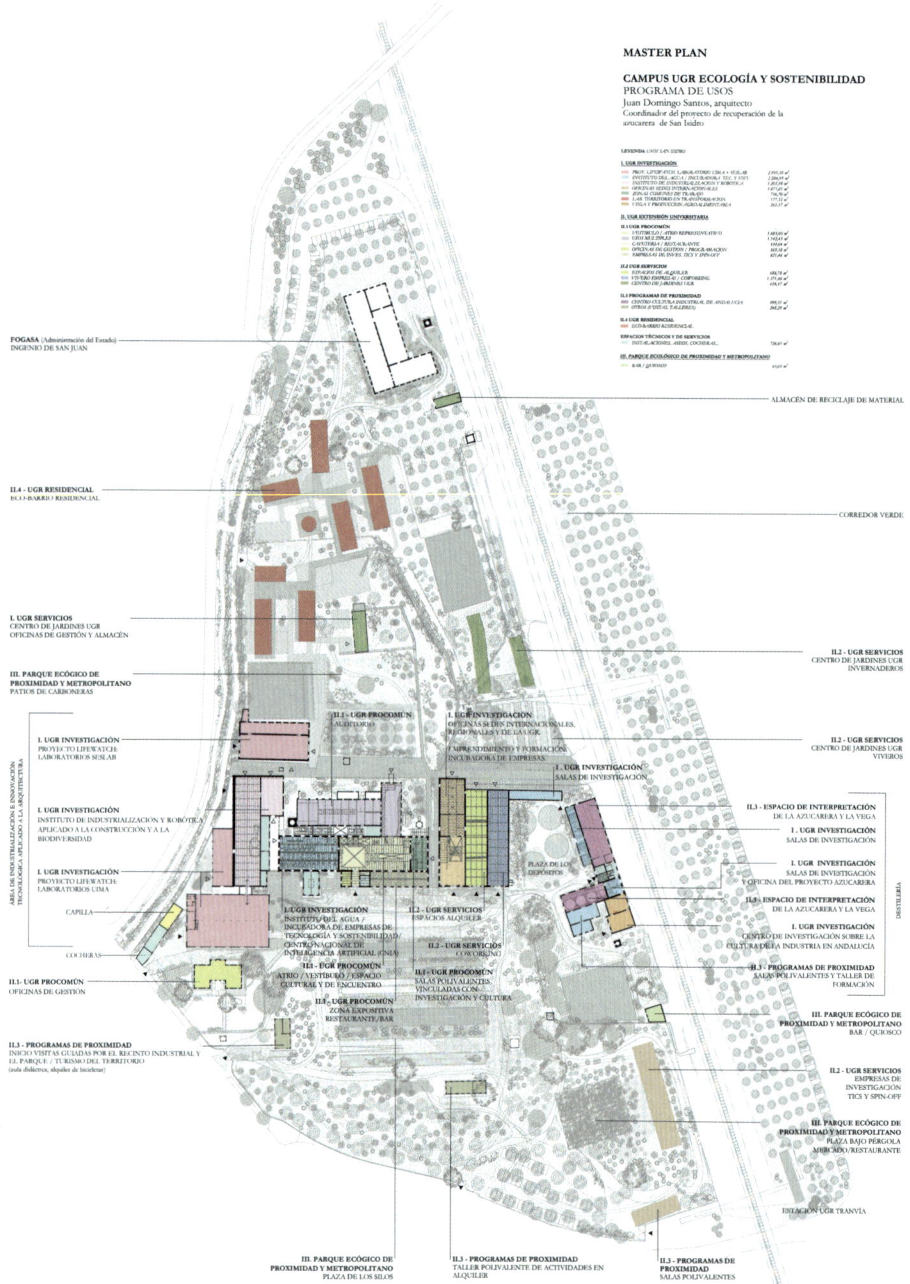

PROGRAMAS
Campus de Investigación e Innovación de la Universidad de Granada

PROYECTO DE INVESTIGACIÓN
"AZUCARERA DE SAN ISIDRO.
RECUPERACIÓN DE UN BIEN DE INTERÉS CULTURAL PARA DESARROLLO DE UN MODELO DE CIUDAD SOSTENIBLE"
UNIVERSIDAD DE GRANADA (Referencia UGR20-03)

(Vicerrector de Investigación UGR), Víctor Medina Flórez (Vicerrector de Extensión Universitaria y Patrimonio UGR) y Francisco Javier Martín Ramiro (Director General de Vivienda MITMA).

Investigadores contratados: Juan Moreno Romero (arquitecto), Loreto Corisco González (arquitecta).

Participan también en la investigación otras entidades colaboradoras como el Ministerio de Transportes, Movilidad y Agenda Urbana, el Ayuntamiento de Granada, la Delegación de Cultura en Granada de la Junta de Andalucía e INCUNA.

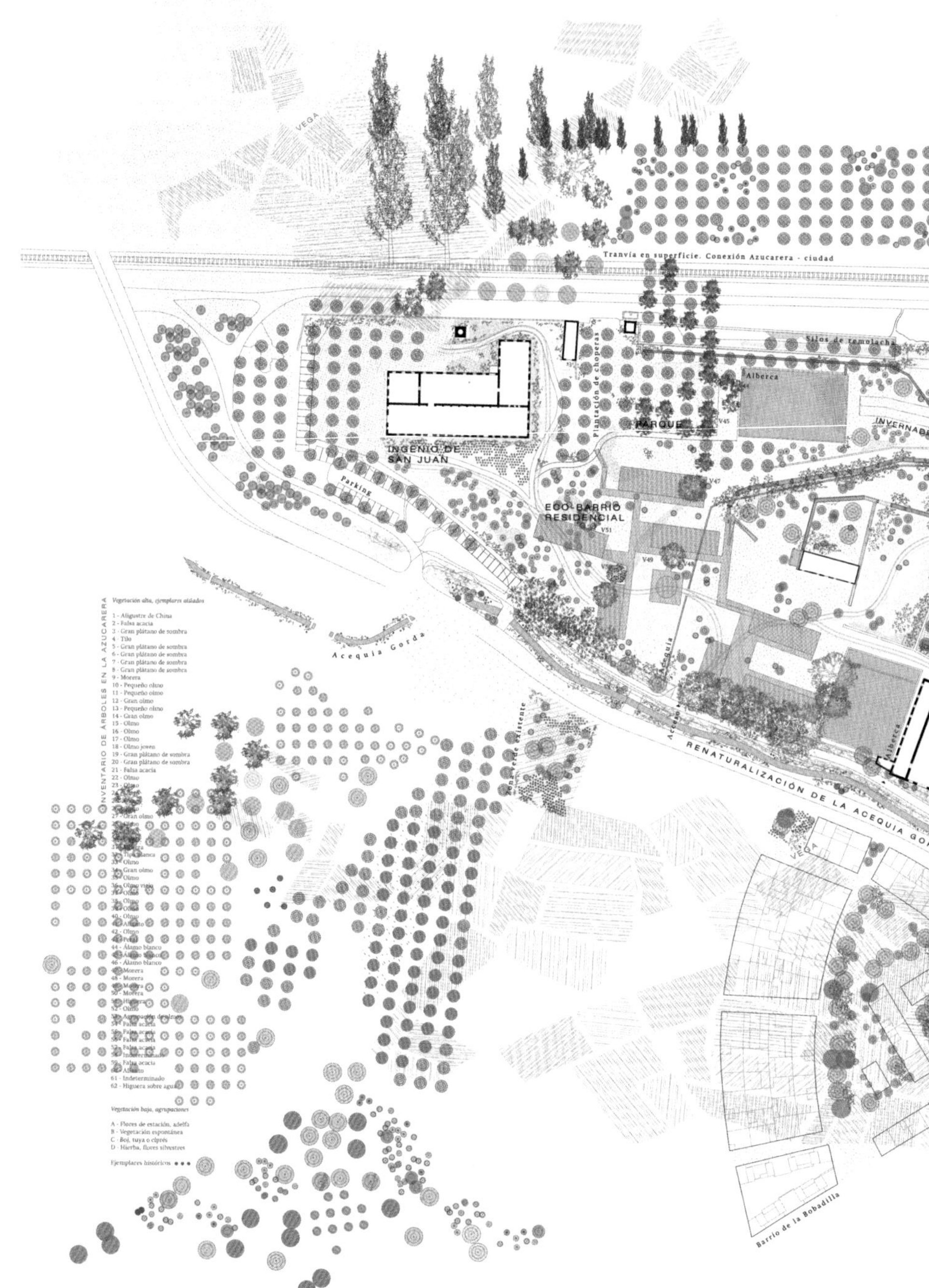

VEGA
Tranvía en superficie. Conexión Azucarera - ciudad
Silos de remolacha
Plantación de choperas
Alberca
PARQUE
V45
INVERNADERO
INGENIO DE SAN JUAN
Parking
V47
ECO-BARRIO RESIDENCIAL
V51
V49
V48
Acequia Gorda
Acequia
Anillo Verde Existente
RENATURALIZACIÓN DE LA ACEQUIA GORDA
VEGA
Alberca
Barrio de la Bobadilla
INVENTARIO DE ÁRBOLES EN LA AZUCARERA
Vegetación alta, ejemplares aislados
1 - Aligustre de China
2 - Falsa acacia
3 - Gran plátano de sombra
4 - Tilo
5 - Gran plátano de sombra
6 - Gran plátano de sombra
7 - Gran plátano de sombra
8 - Gran plátano de sombra
9 - Morera
10 - Pequeño olmo
11 - Pequeño olmo
12 - Gran olmo
13 - Pequeño olmo
14 - Gran olmo
15 - Olmo
16 - Olmo
17 - Olmo
18 - Olmo joven
19 - Gran plátano de sombra
20 - Gran plátano de sombra
21 - Falsa acacia
22 - Olmo
23 - Olmo
27 - Gran olmo
28 - Olmo
32 - Tipa blanca
33 - Olmo
34 - Gran olmo
35 - Olmo
36 - Olmo viejo
37 - Olmo
38 - Olmo
39 - Olmo
40 - Olmo
41 - Almez
42 - Olmo
43 - Peral
44 - Álamo blanco
45 - Álamo blanco
46 - Álamo blanco
47 - Morera
48 - Morera
49 - Morera
50 - Morera
51 - Higuera
52 - Olmo
53 - Agrupación de olmos
54 - Falsa acacia
55 - Falsa acacia
56 - Falsa acacia
57 - Falsa acacia
58 - Indeterminado
59 - Falsa acacia
60 - Almez
61 - Indeterminado
62 - Higuera sobre agua
Vegetación baja, agrupaciones
A - Flores de estación, adelfa
B - Vegetación espontánea
C - Boj, tuya o ciprés
D - Hierba, flores silvestres
Ejemplares históricos

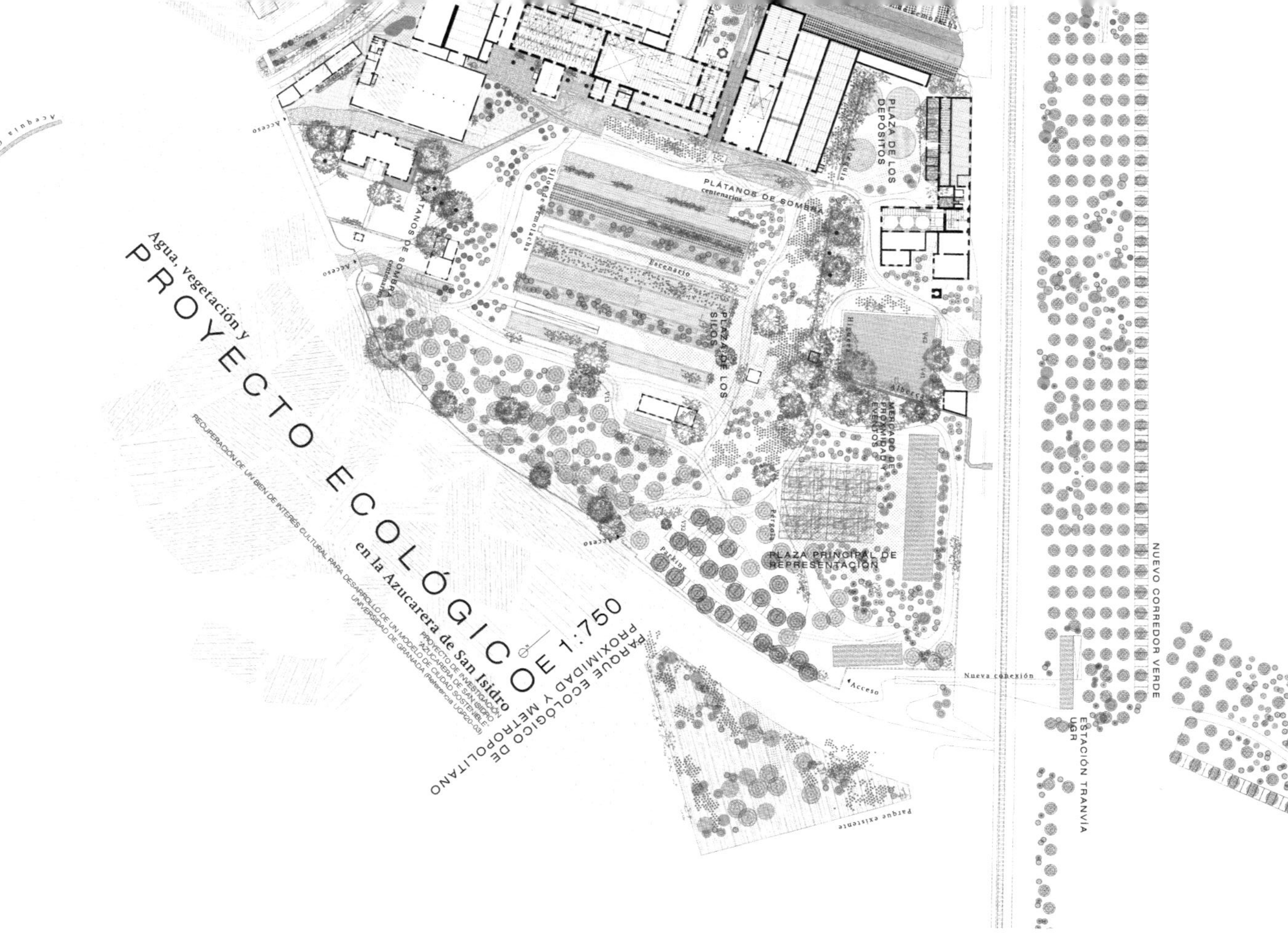

Acequia Gorda
Acceso
PLAZA DE LOS DEPÓSITOS
PLÁTANOS DE SOMBRA centenarios
Escenario
PLÁTANOS DE SOMBRA centenarios
PLAZA DE LOS SILOS
Silos de remolacha
Higuera
Albarca
V41
V42
MERCADO DE PROXIMIDAD Y EVENTOS
Pérgola
PLAZA PRINCIPAL DE REPRESENTACIÓN
Parking
Acceso
Acceso
Nueva conexión
Parque existente
NUEVO CORREDOR VERDE
ESTACIÓN TRANVÍA UGR
Agua, vegetación y
PROYECTO ECOLÓGICO
en la Azucarera de San Isidro
OE 1:750
PARQUE ECOLÓGICO DE PROXIMIDAD Y METROPOLITANO
PROYECTO DE INVESTIGACIÓN
"AZUCARERA DE SAN ISIDRO"
RECUPERACIÓN DE UN BIEN DE INTERÉS CULTURAL PARA DESARROLLO DE UN MODELO DE CIUDAD SOSTENIBLE
UNIVERSIDAD DE GRANADA (Referencia UGR20-03)